Les vraies causes
de la dépression

Lucia Canovi

Les vraies causes
de la dépression

Avant-propos

Les émotions associées à la dépression vont du désespoir le plus noir à l'angoisse blafarde via le découragement verdâtre, couleur d'épinard fané...

Cette palette d'émotions pénibles, qu'est-ce qui l'explique ?

Si l'on recensait toutes les causes de la dépression, on aboutirait à un inventaire à la Prévert : hétéroclite et interminable. En effet tout peut générer du malheur... tout et son contraire. Je ne prétends donc pas vous présenter toutes les causes de la dépression. Seulement examiner, ou du moins effleurer, quelques causes de mal-être dignes d'intérêt. Parmi celles-ci vous en reconnaîtrez certaines, et vous découvrirez aussi le moyen de vous en libérer.

I. La logique des causes

Qu'est-ce qu'une cause ?

Une cause est « ce qui fait qu'une chose existe ou a lieu ». Comme vous le savez, l'univers où nous évoluons n'est pas irrationnel : aucun lapin blanc ne surgit du néant, aucune émotion ne naît du vide, et même une dépression « sans cause » a des causes. Les causes en question sont hétérogènes, et les énumérer en vrac ne nous mènerait pas loin. Pour mettre un peu d'ordre dans ce fatras, un peu d'organisation dans ce grand souk, commençons par nous intéresser à leur taxinomie : à quelles grandes familles ou espèces appartiennent-elles ?

Un tel classement présente un intérêt au-delà de la curiosité intellectuelle. Mettre de l'ordre dans ses pensées, c'est déjà commencer à mettre de l'ordre dans sa vie.

1. Un peu d'ordre

Comment classer les causes de la dépression ?

L'évident et le caché

On peut opérer une première distinction entre les causes *évidentes* et les causes *cachées* de la dépression. Exemples de cause évidente : une agression. Un patron tyrannique. Exemples de cause cachée : un empoisonnement au plomb, conséquence de travaux de peinture effectués dans une maison vétuste.

Ces causes sous-jacente se cachent bien. On ne les débusque pas facilement. Par contre quand on en découvre une, on a gagné le gros lot, car elles sont souvent aussi faciles à résoudre que difficiles à déceler. Dans les chapitres suivants, nous aurons l'occasion de démasquer plusieurs de ces causes insoupçonnées mais bien réelles de dépression.

Le physique et le métaphysique

Distinguons aussi les causes biologiques ou physiques des causes métaphysiques, c'est-à-dire spirituelles, affectives, mentales, etc.

Beaucoup de gens sont déprimés par des relations conflictuelles avec leur famille ou par des idées malsaines auxquelles ils croient : ce sont là deux causes métaphysiques tout à fait classiques de mal-être.

Parmi les innombrables causes physiques, on peut citer en exemples les dents dévitalisée (pour plus de détails, cherchez sur Internet « dent dévitalisée danger »), une alimentation carencée, un mode de vie trop sédentaire, le manque de soleil.

Pour expliquer un mal-être, il ne faut exclure a priori ni les causes biologiques, ni les causes immatérielles. Prétendre que nous ne sommes que des corps est une erreur ; prétendre que nous ne sommes que des âmes est une erreur aussi. Nous sommes des êtres de chair *et* d'esprit. En cherchant les causes de la dépression, il faut donc éviter de tomber dans le « tout physique » comme dans le « tout spirituel ».

L'externe et l'interne

On peut aussi distinguer les causes externes de dépression des causes internes.

Quand on souffre à cause de ses propres défauts (par exemple à cause d'une jalousie injustifiée), la cause est incontestablement interne. Symétriquement, être persécuté par un voisin agressif est une cause externe de dépression.

On prend parfois une cause interne pour une cause externe, en accusant les autres de nous rendre malheureux alors que nous nous rendons malheureux nous-mêmes. Dans d'autres cas, c'est l'inverse : on prend une cause externe pour une cause interne. C'est ce qui arrive lorsqu'une victime de harcèlement moral se croit coupable des torts que l'on a envers elle.

Il est donc tout à fait essentiel de faire la différence entre les causes externes et internes de son mal-être : est-ce que le problème vient de vous, ou est-ce qu'il vient de l'extérieur ?

Est-ce que pour trouver le bonheur, il suffirait de tel ou tel changement objectif dans votre environnement, ou est-ce que vous devriez avant tout changer de mentalité ou d'habitudes ?

Personne ne peut répondre à votre place.

Le contrôlable et l'incontrôlable

On doit aussi distinguer les causes sur lesquelles on ne peut rien, des causes sur lesquelles nous pouvons agir.

Exemple de cause incontrôlable : un tremblement de terre. Exemple de cause contrôlable : la mauvaise habitude de se tenir voûté en regardant ses pieds et de répéter à tout bout de champ : « Je suis mort ! »

Ces deux habitudes peuvent paraître anodines, mais tout compte, vous le savez, et à force d'exprimer le découragement et l'échec, on le ratifie et l'aggrave... Certains tics de langages et attitudes corporelles sont tout, sauf des détails.

Faites attention je vous prie à cette distinction entre « causes incontrôlables » et « causes contrôlables » ; elle est vraiment cruciale. En effet se focaliser sur les causes incontrôlables de son mal-être est, en soi, une cause majeure de découragement et de mal-être : plus on se concentre sur les causes auxquelles on ne peut rien, plus on se sent une victime impuissante... De plus lorsqu'on s'obnubile sur les causes incontrôlables, on oublie qu'il y en a d'autres qui, elles, sont de notre ressort. Et donc celles-là aussi on les endure passivement, alors qu'on pourrait s'en libérer : on subit comme une fatalité ce qu'on pourrait changer.

On se résigne au remédiable.

Pour gagner en paix mentale et en efficacité, oubliez les causes incontrôlables de mal-être pour vous concentrer sur celles qui dépendent de vous. Lorsque vous vous focalisez sur les causes maîtrisables, vous gagnez à la fois en liberté d'esprit et en liberté d'action : vous vous sentez nettement mieux et vous êtes aussi plus entreprenant, plus efficace.

Mais une question se pose – une question délicate. Comment faire la différence entre « cause contrôlable » et « cause incontrôlable » ?

Car l'opposition n'est pas toujours aussi tranchée qu'entre un tremblement de terre et l'habitude de se tenir voûté et de grommeler.

À ce propos, vous connaissez peut-être la prière de la sérénité. Elle a apporté soutien et réconfort à des millions de personnes en détresse aux quatre coins du monde :

> « Mon Dieu, donne-moi la sérénité
> D'accepter toutes les choses que je ne peux changer,
> donne-moi le courage de changer les choses que je peux changer
> Et la sagesse d'en connaître la différence. »

Un certain mystère plane autour de cette prière. Certains l'attribuent à des moines du Moyen Âge, d'autres la connaissent par les Alcooliques Anonymes, où elle est religieusement récitée, mais il semblerait que son véritable auteur soit Marc-Aurèle (121-180), le seul empereur romain que le pouvoir n'ait pas enivré. C'était vraiment un sage.

Je vous conseille de recopier cette prière et de l'apprendre, soit sous cette forme, soit – si la référence à Dieu vous fait tiquer – dans cette version plus laïque :

« Que la force me soit donnée de supporter ce qui ne peut être changé, le courage de changer ce qui peut l'être, et la sagesse de distinguer l'un de l'autre. »

À retenir

• Se concentrer sur les causes incontrôlables de son mal-être l'empire.

• Il arrive qu'on accuse quelqu'un d'autre d'être à l'origine de son mal-être alors que ce quelqu'un d'autre n'y est pour rien. Il arrive aussi que quelqu'un d'autre soit effectivement responsable, sans qu'on s'en doute.

Conseils

▶ Concentrez-vous sur ce qui dépend de vous.

▶ Ne cherchez pas un bouc émissaire, et ne cherchez pas non plus d'excuses à ceux qui vous ont assigné ce rôle, s'ils existent.

---

2. L'enchaînement des causes

Disons maintenant quelques mots des rapports que les diverses causes de la dépression entretiennent entre elles.

D'après le discours officiel, celui qui circule dans les médias, les causes de la dépression ne seraient pas vraiment liées. L'individu déprimé apparaît comme accablé par des maux sans rapport entre eux : événement de vie stressant, carence affective dans l'enfance, hérédité, fragilité psychologique... Cette sombre litanie donne l'impression que les choses se présentent ainsi :

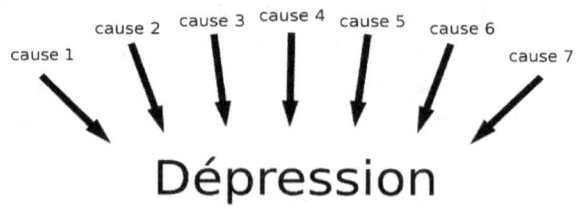

cause 1   cause 2   cause 3   cause 4   cause 5   cause 6   cause 7

Dépression

Une telle manière d'envisager les choses est assez

décourageante. En effet, si tant de causes venues des quatre coins de l'horizon se liguent pour accabler la pauvre victime de cette pluie de malheurs, à quoi bon se battre ? Même si on parvenait à éliminer deux ou trois causes, il en resterait encore assez pour accabler tout un régiment de joyeux drilles !

Par chance, ce schéma est trompeur.

En voici un qui – quoique très simplifié – reflète bien mieux la réalité :

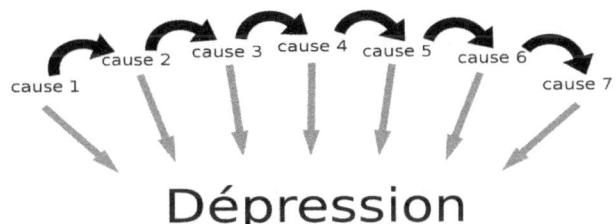

Dépression

Les causes de dépression s'enchaînent : la cause 2 est l'effet de la cause 1, la cause 3 est l'effet de la cause 2, etc. C'est d'ailleurs logique : comme vous le savez maintenant, le mal appelle le mal. Ce qui veut dire qu'en éliminant une seule cause bien choisie, vous éliminez automatiquement, ou presque, toutes celles qui lui font suite ! Par exemple éliminer la cause 4 fait disparaître du même coup les causes 5, 6 et 7. Et le gros lot revient à celui qui élimine la cause 1 : à moyen ou long terme, il se débarrasse ainsi de toutes les autres causes...

Dans la réalité, les choses sont tout de même plus complexes que cela, mais les causes principales de la dépression sont bel et bien liées les unes aux autres, ce qui fait qu'en en neutralisant une en amont, on en neutralise plusieurs. Bonne nouvelle, donc.

Rétroaction

Il y a encore un point important à noter. Lorsqu'il s'agit d'émotions, très souvent les conséquences des causes rétroagissent sur les causes en question. Voici un petit schéma pour y voir clair :

Parce que Nestor se sent d'humeur morose, il abaisse les coins de sa bouche et ses épaules en regardant vers le sol. Mais

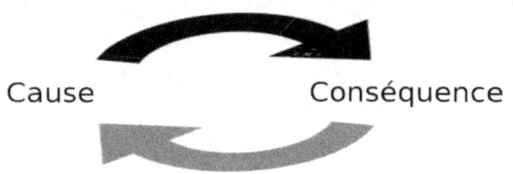

Cause   Conséquence

cette posture physique fait plus que manifester son humeur, elle *rétroagit* sur elle : parce que Nestor abaisse les coins de sa bouche et ses épaules en regardant vers le sol, il se sent d'humeur encore plus morose. La conséquence rétroagit sur la cause.

Conclusion ?

Quand une vague de mélancolie vous éclabousse les orteils, comportez-vous comme si tout allait bien et vous verrez : ça va tout de suite beaucoup mieux !

3. Causes directes et causes indirectes

Enfin, on peut distinguer les causes directes des causes indirectes de dépression. Une idée noire telle que « Je suis irrémédiablement nul » est une cause on ne peut plus directe de dépression, tandis qu'une pensée telle que « Je mérite un petit remontant » est une cause indirecte de dépression. Sur le coup, cette pensée (« je mérite... ») est plaisante, et ses conséquences immédiates le sont aussi, mais ses conséquences ultimes n'en sont pas moins démoralisantes.

Veillons donc à distinguer ces deux types de cause, et surtout à identifier les causes indirectes pour ce qu'elles sont. Les pensées complaisantes qui mènent doucement mais sûrement à la boulimie, au tabagisme, au divorce, etc., sont à ranger parmi les causes de dépression au même titre que les idées noires. Ce sont, pour ainsi dire, des idées jaunes, dans la mesure où le jaune est la couleur de la trahison. Elles nous réconfortent à court terme, mais c'est pour mieux nous tirer vers le fond :

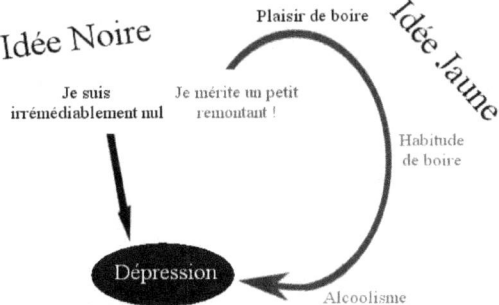

À noter : certaines causes de dépression sont à la fois directes et indirecte : ainsi, pour oublier qu'on se sent « irrémédiablement nul », on prend un petit remontant...

À retenir

● Les causes de dépression s'enchaînent : l'une est à l'origine de la seconde, qui est à l'origine de la troisième, etc. Pour détricoter tout le pull, il faut tirer sur le bon fil.

● Certaines pensées sont des causes indirectes de dépression : agréables sur le coup, leurs conséquences n'en sont pas moins affligeantes.

Conseils

▶ Pour vous sentir mieux, disciplinez-vous en adoptant les attitudes physiques et les gestes de quelqu'un qui se sent déjà bien.

▶ Ne croyez ni vos idées noires, ni vos idées jaunes.

Cause, ou facteur déclenchant ?

Une autre question nous intéresse : comment faire la différence entre les véritables causes de dépression, et ses facteurs déclenchant ?

Et comme la différence ne vous saute probablement pas aux yeux, commençons par distinguer ces deux notions : « vraies causes » et « facteurs déclenchant ».

Dire, par exemple, que la consommation de sucreries est un

« facteur déclenchant » du diabète, ou que la consommation de haschisch est un « facteur déclenchant » de la schizophrénie, c'est sous-entendre que le diabète et la schizophrénie dont il est question préexistaient à la consommation de sucre et de drogue, qui n'auraient été pour eux que l'occasion de se déclarer. Le problème était là, invisible et caché, depuis le début, il n'attendait qu'une occasion, qu'un prétexte, pour dégringoler sur sa victime. Inversement parler des barres chocolatées ou des pétards comme des « causes » (de diabète, de schizophrénie), c'est attirer l'attention sur leur dangerosité, c'est souligner le rôle crucial qu'ils jouent.

Bref, la différence entre un facteur déclenchant et une cause, c'est que le premier n'est qu'une espèce de prétexte, de petit coup de pouce, de « goutte d'eau qui fait déborder le vase », tandis que la seconde est une raison au sens fort.

Dans ces conditions, comment savoir si on a affaire à l'une des véritables causes de la dépression, ou seulement à l'un de ses facteurs déclenchant plus ou moins anecdotique ?

Difficile à dire.

Tellement difficile à dire, qu'on peut se demander si la notion de « facteur déclenchant » est intellectuellement rigoureuse… ou si c'est plutôt du pipi de chat. Et si parler de « facteur déclenchant » de la dépression n'aidait pas à y réfléchir lucidement ? Et si cette expression entravait la pensée qu'elle est censée faciliter ?

En théorie, il y a une différence entre *cause* et *facteur déclenchant* ; en pratique, y en a-t-il une ?

Rien n'est moins sûr.

Par exemple, qu'est-ce qui différencie une schizophrénie (ou une dépression, etc.) encore non déclenchée d'une véritable santé mentale ? Autrement dit, qu'est-ce qui sépare l'homme équilibré et sain d'esprit du schizophrène dont la schizophrénie n'a jamais été déclenchée par un « facteur déclenchant » ?

Rien du tout.

Tout se passe comme si l'absence de *facteur déclenchant* équivalait à une absence de *cause*.

De la même manière que le gouffre qui sépare la *déprime* de la *dépression* est une fiction médicale, l'écart entre la *cause* et le *facteur déclenchant* est un pur effet de rhétorique.

Ce concept fumeux de *facteur déclenchant* sert souvent à minimiser ou même carrément à évacuer des causes bien réelles de dépression. Le discours officiel s'empare d'un facteur de déprime, par exemple une perte d'emploi, un conjoint infidèle, ou une pauvreté extrême, et la rebaptise *facteur déclenchant*, ce qui donne l'illusion que cette cause n'est pas vraiment une cause, qu'elle n'a pas autant d'importance que les « vraies » causes, qui elles seraient forcément génétiques ou chimiques. Le sucre, pour ne citer que lui, est beaucoup plus qu'un « facteur déclenchant » de diabète. Il est une cause au sens fort, et le supprimer complètement suffit parfois à en guérir, malgré la « prédisposition génétique » que les spécialistes présentent comme la « vraie cause » de cette maladie.

Aussi, dans le doute, je vous conseille de ne rien négliger : si vous voyez ou pressentez un lien, même extrêmement ténu, entre quelque chose et votre état émotionnel, prenez cette probabilité de causalité très au sérieux. Tirez-en toutes les conclusions qui s'imposent et agissez autant que possible pour neutraliser ce quelque chose.

Qui sait ? Ce que les spécialistes vous présentent comme une simple « occasion de déclenchement », ou balaient du revers de la main, est peut-être la cause principale, voire la cause unique, de votre mal-être !

À retenir

● Quand des spécialistes baptisent une cause « facteur déclenchant », ils la minimisent.

Conseil

▶ Ne négligez d'agir sur aucune cause potentielle de dépression, y compris celles qui passent aux yeux des spécialistes pour de simples facteurs déclenchant.

II. Deux causes biologiques majeures

Voyons maintenant deux causes biologiques majeures et méconnues de dépression ; deux causes qui sont étroitement liées.

Le manque de magnésium

En 1934, un scientifique français, M. L. Robinet, fit une découverte stupéfiante.

En comparant les cartes géologiques de France et les statistiques du suicide, il s'aperçut que les carences du sol en magnésium se superposaient exactement avec la répartition des suicides : plus la région était pauvre en magnésium, plus les suicides y étaient nombreux !

La découverte de M. L. Robinet avait des implications très importantes, mais dans un pays où les psychiatres et les psychanalystes règnent, elle ne reçut pas l'attention qu'elle méritait et tomba rapidement aux oubliettes...

Sortons-la de là.

Un puissant antidépresseur

Le magnésium, dont le nom est connu mais dont l'importance est généralement sous-estimée, fait partie des nutriments essentiels. On dit parfois de lui que c'est la « clé de voûte du monde vivant ».

Le corps ne peut pas le fabriquer lui-même ; il doit être apporté par l'alimentation. Et comme l'organisme n'a pas de réserves en magnésium, cet apport doit être régulier, et même quotidien.

Le magnésium est d'abord présent dans le sol ; ensuite, il passe dans les plantes et les animaux, pour enfin finir dans notre assiette.

Il faut savoir que le magnésium régit l'hypophyse.

Lorsque l'hypophyse n'obtient pas le magnésium dont elle a besoin, elle ne peut plus réguler la glande médullosurrénale, qui, du coup, se met à produire de l'adrénaline en excès. Or l'adrénaline joue un rôle important dans le passage à l'acte suicidaire : les personnes suicidaires ont plus d'adrénaline dans le sang que celles qui ne le sont pas. Juste avant une tentative, la quantité de déchets d'adrénaline augmente rapidement dans leur urine.

Qu'est-ce que tout cela signifie, exactement ?

Que le magnésium est un puissant antidépresseur qui a un effet préventif contre le suicide. Les personnes qui absorbent régulièrement une bonne quantité de sels de magnésium ont un meilleur équilibre émotionnel, supportent l'adversité avec plus de sérénité et se découragent moins facilement que celles qui en manquent.

Symptômes du manque

Comment se manifeste un manque de magnésium ?

Le mot qui s'impose est : anxieux.

Le moindre bruit fait sursauter. On est tendu, sur le qui-vive, hyperémotif. C'est un état de tension et de méfiance ; une forme légère de paranoïa ; un état qui oscille entre peur, colère et parfois même panique. Bref, une nervosité, une irritabilité constantes ; un état d'inquiétude et de déséquilibre qui tourne parfois à l'impulsivité, à l'agressivité. Bref, on est sur les nerfs.

Simultanément, des symptômes purement physiques apparaissent. Ce peut-être de la constipation, des ballonnements, une fatigue persistante qui commence dès le matin, de l'insomnie, de l'hypertension, des maux de tête et des migraines, un mal au dos, des muscles raides et douloureux, l'œil qui palpite, des crampes, des angines, une faiblesse générale, des tremblements, des convulsions, le hoquet…

Causes du manque

Au dix-neuvième siècle, les carences en magnésium étaient rares. Il suffisait de manger chaque jour cinq cents grammes de pain complet au levain (le pain normal de l'époque) pour obtenir l'apport de magnésium nécessaire.

Il faut savoir qu'un excès de potassium dans les sols empêche le magnésium d'être assimilé par la végétation ; pour notre santé, un sol devrait présenter une teneur en magnésium beaucoup plus élevée que sa teneur en potassium. Or depuis un demi-siècle, les engrais utilisés pour « fertiliser » les sols sont exclusivement ou presque à base d'azote, de phosphore et de potassium.

Au fur et à mesure que l'emploi des engrais azote-phosphore-potassium s'est généralisé, les sols sont devenus de plus en plus saturés en potassium et donc de plus en plus pauvres en magnésium. Du coup des carences en magnésium, et des maladies entraînées par ces carences, ont fait leur apparition dans le bétail. La fièvre aphteuse, la tuberculose, la stérilité ont touché de plus en plus d'animaux. Ces carences et les maladies qu'elles entraînent se sont ensuite communiquées à la population, qui mange ce que l'agriculture lui fournit.

Actuellement, le manque de magnésium n'a plus l'exception mais la norme.

Jusqu'à trois quarts de la population des U.S.A. consomment moins de magnésium que la quantité recommandée. En France, on ne doit pas en être loin. Cette proportion devrait probablement être revue à la hausse, car en réalité on ne sait pas quelle est la dose idéale de magnésium. Il se pourrait très bien qu'elle soit supérieure aux apports journaliers recommandés, qui ont été fixés un peu au hasard.

Cet état de carence généralisée s'explique par quatre causes principales :

1/ L'emploi des engrais chimiques déjà mentionnés ;

2/ La généralisation des aliments raffinés (sucre raffiné, farine raffinée, sel raffiné, riz raffiné) car ceux-ci ne contiennent plus de magnésium ;

3/ La consommation excessive de produits laitiers, certains composants du lait interférant avec l'assimilation du magnésium ;

4/ La malbouffe.

Conséquences du manque

Comme le magnésium est indispensable à la vie et qu'il joue un rôle dans tous les processus biochimiques de l'organisme, sa carence prolongée a des effets désastreux sur la santé mentale et physique.

Commençons par la santé mentale.

On a découvert que le sang des personnes extrêmement irritables présentait un déficit en magnésium. Le magnésium est l'un des principaux aliments de la cellule nerveuse ; dans tous les troubles du système nerveux (nervosité, dépression, insomnie, anxiété...) on constate une carence de magnésium. Des expériences ont montré que les animaux privés de magnésium deviennent hyperexcitables ; un léger bruit, une ombre suffisent à les rendre hystériques.

Le docteur américain Willard A. Krehl a identifié de nombreux désordres nerveux chez les patients souffrant d'un manque de magnésium. Plus de 78% d'entre eux souffraient de confusion mentale, 83% étaient désorientés, tous souffraient d'hyperréflexie – le genre d'exagération des réflexes qui fait bondir lorsqu'on entend le moindre petit bruit.

La carence en magnésium a aussi des conséquences à long terme sur la santé physique.

Cancer, crise cardiaque, épilepsie, delirium tremens, mort subite du nourrisson, ostéoporose, hypertension, caries, arthrite, fibromyalgie, acné : la liste est loin d'être complète. Comme le magnésium joue un rôle dans tous les processus biologiques, son absence cause des problèmes de tous les côtés...

On pourrait croire que c'est le calcium, et non le magnésium, qui protège contre les caries et l'ostéoporose. Mais en fait, c'est le magnésium qui fixe le calcium. Au niveau cellulaire, il contrôle et régule l'entrée du calcium dans la cellule et les liquides intracellulaires. C'est pourquoi les « carences en calcium » sont bien souvent, en réalité, des carences en magnésium.

D'autre part, la prise régulière de magnésium joue un rôle préventif contre le cancer. Le rapport entre cancer et déficit en magnésium a pu être établi de la même manière que pour le suicide : en observant les cartes géologiques, on s'est aperçu en 1928 que les régions dont la terre était pauvre en magnésium se superposaient exactement à celles où l'on signalait le plus grand nombre de cancers !

Il y aurait encore beaucoup de choses à dire sur les conséquences à long terme d'une carence en magnésium, mais ça sera pour une autre fois peut-être.

Passons sans attendre à la solution.

Solution

Pour remédier à une carence en magnésium, il suffit de modifier, ou plutôt d'améliorer, son alimentation et sa boisson. Il ne s'agit pas de le faire un temps, puis de retomber dans l'ornière de ses mauvaises habitudes, mais bien de changer pour de bon, irrévocablement, sa manière de manger et de boire.

On remplace le pain blanc par du pain complet biologique et le riz blanc par du riz complet biologique. On diminue, et si on en est capable on supprime, l'alcool, le sucre et les produits sucrés (j'ai failli dire *cochonneries sucrées*). En effet, l'alcool et le sucre appauvrissent nos réserves en magnésium. On croque aussi davantage de noix, de noisettes, d'amandes et de cacahuètes : elles sont très riches en magnésium.

Pour ce qui est de la boisson, le plus simple comme le plus efficace est de se fabriquer soi-même son eau très riche en magnésium. Si vous n'aimez pas assez les noix (au sens large) pour en manger tous les jours, c'est cette eau très riche en magnésium qui constituera l'essentiel de votre traitement contre la carence en magnésium.

En voici la recette :
- Prenez une bouteille d'eau de source ;
- Achetez en pharmacie un sachet de *chlorure de magnésium* ou – c'est nettement moins cher – achetez dans un magasin bio un gros sac de *Nigari,* c'est du chlorure de magnésium marin ;
- Versez le contenu du sachet de chlorure, ou trois grandes cuillerées à soupe de nigari, dans la bouteille ;
- Fermez la bouteille et secouez-la.

C'est prêt !... Le goût est amer, mais on s'y habitue. Si vous buvez cette eau avec du jus de citron fraîchement pressé, il n'est pas impossible que vous y preniez goût. Buvez un verre, deux verres, trois verres ou quatre verres de votre eau chaque jour, selon vos besoins. Pour les évaluer, c'est facile : si vous êtes calme et paisible, vous n'en avez pas vraiment besoin ; si vous vous sentez autrement, il vous en faut davantage.

Autre indice : le magnésium a des vertus laxatives. Donc si vous avez de la diarrhée, diminuez la dose, elle est trop élevée ; si vous êtes constipé, augmentez la dose.

Ce traitement n'est pas censé avoir de fin, car nous avons besoin de magnésium tous les jours.

Si, au lieu de la recette éprouvée donnée ci-dessus, vous préférez prendre l'un des produits sophistiqués de l'industrie pharmaceutique, commencez par étudier soigneusement sa composition : il se pourrait que le magnésium soit trop faiblement dosé ; que la forme de magnésium utilisée soit moins efficace que le chlorure ; ou encore que le produit contienne en même temps que du magnésium, des substances nocives, par exemple de l'aspartame.

Des témoignages éloquents

Voici quelques témoignages très parlants sur les effets du magnésium :

« J'ai pris du chlorure de magnésium pour l'anxiété, le stress, ça aide beaucoup. »

« Depuis que je prends régulièrement du chlorure de magnésium, je me sens bien mieux côté moral. J'ai la forme et je n'ai plus de coup de barre l'après-midi. »

« Je viens de démarrer une petite cure d'une quinzaine de jours. Je dors comme un bébé, et suis très posé au niveau nerveux... ce qui est loin d'être toujours mon cas ! Pour mon boulot c'est un plus ! »

« Quand je me sens déprimée, je bois un demi-verre de chlorure de magnésium et je trouve ensuite que ça va mieux. Je n'hésite d'ailleurs pas à le faire plusieurs fois par jour, en plus du petit verre en dose quotidienne. »

« Depuis que je fais une cure de magnésium, j'ai retrouvé une très belle peau, plus de gros furoncles, l'acné s'est envolée avec un ou deux boutons de temps en temps pas plus, en plus je dors très bien, j'ai maigri et je me sens beaucoup moins fatigué. »

« J'utilise le chlorure de magnésium depuis quinze jours. Je pense que le chlorure de magnésium met de bonne humeur... Vous paraissez plus radieux et en meilleure forme. C'est mon constat depuis quinze jours. Cela pourrait être psychologique, mais je ne pense pas en ce qui me concerne. »

« Mon mari (qui souffre d'une psychose, de maniaco-dépression et de diabète) prend du chlorure de magnésium depuis 10 jours ; il a retrouvé une vie normale et dit que cela le fait dormir et lui fait le même effet que le Lyxansia (benzodiazépine). Il ressent le besoin d'en boire ; il dit que son corps en redemande et qu'il trouve cela bon ! »

« J'utilise le chlorure de magnésium depuis que j'ai eu un infarctus. Une naturopathe m'a conseillé ce produit. J'en prends régulièrement. Auparavant, j'avais tendance à être dépressive... depuis, cela ne m'est jamais arrivé. Dès que j'ai la moindre baisse de moral, j'en fais une cure ; lorsque je vais bien, j'arrête. Un seul point négatif : le goût est désagréable, mais pour être toujours de bonne humeur, que ne ferait-on pas ? Je n'ai jamais été aussi bien que maintenant (j'ai 57 ans). »

À retenir

● Si vous êtes angoissé et que vous mangez comme tout le monde, c'est-à-dire mal, vous manquez de magnésium.

Conseils

▶ Mangez des noix, des noisettes, des cacahuètes, etc.
▶ Si ça ne suffit pas faites-vous de l'eau au Nigari, et buvez-la.

Lecture recommandée

☐ *Le chlorure de magnésium : un remède miracle méconnu* de M.F. Muller. À lire pour en savoir plus. À noter que le titre est un peu trompeur : le magnésium n'est pas un remède au sens propre ; c'est plutôt son manque qui est une cause de maladies.

Blanc comme neige !

Passons maintenant à la seconde cause biologique de dépression dont il faut à tout prix que vous ayez connaissance. Cette mauvaise habitude pèse de tout son poids, qui est considérable, dans le mauvais plateau de la balance.

Même si ça peut paraître invraisemblable, derrière la façade de petits parallélépipèdes blancs comme neige et de bonbons multicolores au goût d'enfance se cache une cause majeure d'anxiété, de dépression, d'humeur instable et de folie... S'il y a une cause biologique *majeure* de dépression, c'est bien $C_{12}H_{22}O_{11}$. C'est bien le sucre.

S'informer pour progresser

Vous ne pouvez pas croire que le fidèle compagnon de votre petit-déjeuner et de votre goûter (et peut-être aussi de votre déjeuner et de votre dîner) soit moins innocent qu'il n'en a l'air ?

Ou peut-être que vous ne *voulez pas* y croire ?

Vous avez peur que je ne vous demande de renoncer à l'un des rares plaisirs de l'existence qui soit encore légal et en vente à un prix modéré dans n'importe quel supermarché ?

Peur que je n'exige de vous le sacrifice de votre pot de Nutella vespéral, si consolant après une journée éprouvante, ou l'holocauste de votre chocolatine matinale, qui adoucit la transition difficile entre un lit douillettement tiède et un monde qu'on ne qualifie pas pour rien de cruel ?

Je comprends d'autant mieux votre état d'esprit que moi aussi, je me tourne vers le chocolat quand ça va mal... et parfois aussi quand ça va bien, si vous voulez vraiment tout savoir.

Ceci étant, on ne devrait jamais refuser d'examiner des informations sous prétexte que « de toute façon » on n'en tiendra pas compte dans sa manière d'agir. On ne devrait pas, parce qu'en raisonnant ainsi on prend le problème à l'envers. L'information est ce qui permet le changement, le progrès : refuser de s'informer, c'est refuser d'évoluer, de progresser, de grandir.

Les fumeurs qui ne veulent pas connaître les méfaits de la cigarette parce que, disent-ils, « de toute façon » ils continueront à fumer, continueront effectivement à fumer, non parce que c'est plus fort qu'eux ni parce qu'ils n'ont pas de volonté, mais parce que leur ennemi intérieur les a convaincus que la politique de l'autruche est la meilleure.

En réalité c'est la politique de l'aigle royal planant très haut qui est la meilleure : pas la tête dans le sable, la tête dans le ciel.

Pas les yeux fermés, les yeux grands ouverts pour voir tout ce qu'on est capable de voir et comprendre tout ce qu'on est capable de comprendre.

Même si vous pensez actuellement qu'aucune information ne pourra jamais vous convaincre de renoncer à vos fraises Tagada ou aux deux sucres dans votre café, lisez ce chapitre. Ce n'est qu'en vous renseignant que vous pourrez acquérir un point de vue royalement panoramique sur la question. Il vous suffit de rester calme et serein et de garder l'esprit ouvert, comme si le sujet ne vous concernait pas, ou ne vous concernait que de très très loin. Vous planez là haut, le sucre est en bas, et votre vue est perçante, aussi perçante que votre intelligence est aiguisée, puisque vous lisez ces lignes.

Les découvertes des scientifiques et des chercheurs

Dès les années 1940, le docteur américain John Tintera découvrit le rôle essentiel joué par le sucre dans les maladies mentales.

Tintera s'aperçut que la consommation de sucre épuise les glandes surrénales et que *cet épuisement est à l'origine de divers problèmes psychologiques, y compris la dépression et la schizophrénie.* Si ce n'est pas une découverte renversante, je ne sais pas ce que c'est.

Mieux : en supprimant le sucre du régime de ses patients, et en les mettant à une alimentation saine et naturelle, le docteur Tintera réussit à les guérir de leurs troubles mentaux.

Il s'agissait là d'une avancée majeure dans le traitement des problèmes psychiques et pourtant Tintera n'est pas du tout célèbre, et le restera probablement. Il y a trop d'argent en jeu dans l'industrie du sucre.

Depuis, d'autres études sont venues confirmer la découverte du docteur Tintera.

Ainsi en 2004, le psychiatre anglais Malcolm Peet a exploré avec une équipe de chercheurs les causes des maladies mentales dans les différentes régions du monde. Sa principale découverte : dans tous les pays, toutes les civilisations, toutes les cultures, on retrouve une corrélation extrêmement nette entre la consommation de sucre et le développement de la dépression et de la schizophrénie.

Comme si ces deux études n'étaient pas assez concluantes, d'innombrables faits les confirment et les confortent. En voici un petit échantillon :

• Le régime du docteur Seignalet, qui interdit formellement le sucre blanc, la farine blanche et les aliments raffinés, s'est avéré efficace contre la schizophrénie.

• Une étude publiée dans le *British Journal of Psychiatry* a montré qu'une consommation importante de sucre aggravait, chez les patients schizophrènes, les symptômes de schizophrénie.

• Des études ont été menées dans les hôpitaux psychiatriques ; il en ressort que le régime des schizophrènes est extrêmement riche en bonbons, sucreries, gâteaux, cafés, boissons sucrées, etc.

• La psychiatrie orthomoléculaire, qui mériterait d'être plus connue, soigne les patients dépressifs, schizophrènes et hyperactifs en changeant leur régime alimentaire. La suppression du sucre sous toutes ses formes est l'une de ses mesures les plus efficaces.

• Récemment, des chercheurs ont montré que les souris qui présentent (après manipulations) une défaillance du métabolisme de l'insuline développent un comportement anormal similaire à celui d'un patient atteint de schizophrénie. Étant donné que hors laboratoire, la défaillance du métabolisme de l'insuline est presque toujours, voire toujours, due à la consommation de sucre, cette expérience confirme que le sucre joue un rôle causal dans la schizophrénie.

• Plusieurs études ont démontré que les schizophrènes souffrent beaucoup plus souvent d'hypoglycémie (effondrement du taux de glucose dans le sang) et de diabète que le reste de la population. Or la consommation de sucre est l'origine directe de l'hypoglycémie et du diabète : on sait que ces maladies n'existent pas parmi les peuples qui se nourrissent encore d'aliments entiers, sains et naturels, et pour qu'un hypoglycémique ou un diabétique de type II guérisse, il suffit souvent qu'il supprime complètement le sucre – ainsi que le café, la farine blanche, les aliments raffinés, et toutes les saletés chimiques que l'industrie agroalimentaire met dans les aliments qu'elle trafique.

● Autre point important : à mesure que le sucre raffiné est devenu plus accessible et que sa consommation s'est popularisée le nombre des malades mentaux – ainsi que le nombre des maladies mentales – a augmenté. Avant l'introduction du sucre dans le régime alimentaire de l'écrasante majorité des gens, la schizophrénie et le trouble bipolaire étaient encore dans les limbes. Ces maladies mentales n'existaient pratiquement pas.

Un petit bilan

D'après William Dufty, qui résume ainsi les opinions éclairées de nombreux docteurs (Dr A. Hoffer, Dr Allan Cott, Dr A. Cherkin, Dr. Linus Pauling), la « maladie mentale » est un mythe. Les perturbations émotionnelles sont souvent le premier symptôme de l'incapacité humaine à supporter le stress induit par la dépendance au sucre.

La psychiatrie, très en retard sur les autres branches de la médecine, refuse de reconnaître que la consommation de sucre et ses effets dévastateurs sur le cerveau s'exprime dans une vaste palette de symptômes, symptômes qu'elle persiste à regrouper sous l'étiquette de « maladie mentale ».

Le sucre ne s'en prend d'ailleurs pas qu'à la tête et à l'esprit. La consommation régulière de sucre est aussi une cause de cancers, diabètes, angines, acné, hémorroïdes, scorbut, tuberculose, caries, ulcères, et à peu près n'importe quelle maladie à laquelle vous pouvez penser. Le sucre, c'est l'ennemi du corps et de l'esprit. Une invention diabolique.

Sucre et dépression : les témoignages

Les effets pernicieux du sucre sur le moral sont documentés par de nombreux témoignages :

« J'ai constaté que le sucre est à l'origine de ma déprime... la caféine aussi. »

« Quoique je ne souffre pas de dépression, j'ai remarqué qu'après avoir mangé du sucre, je me sens très fatigué et mélancolique. »

« J'ai arrêté le sucre pendant trois semaines, mais j'ai craqué et maintenant je me sens terriblement mal à nouveau. Je connais les conséquences de cette drogue mais je n'arrive pas à garder ma motivation. »

« J'ai lu des recherches récentes sur les effets bénéfiques des Omega-3 contre la dépression, et apparemment, c'est vraiment efficace. Mais personnellement, j'avais absolument besoin de stabiliser mon niveau de glucose pour triompher de ma dépression... et je n'ai pu le stabiliser qu'en me débarrassant du sucre et de la farine blanche. »

« Dans le cadre d'un régime pour perdre du poids, j'ai renoncé au sucre et aux mauvais carbohydrates pendant trois semaines. En conséquence de quoi ma dépression a presque complètement disparu. Je me suis senti plein d'énergie et de joie de vivre. Mais c'est dur de rester loin de cette drogue... Après avoir à nouveau succombé à mon attirance malsaine pour le sucre, je me retrouve au septième sous-sol. Mais la différence c'est que cette fois-ci, je comprends pourquoi. »

« J'ai conscience des effets du sucre sur mon moral et mon mental depuis déjà pas mal d'années, malheureusement je replonge à chaque fois. Ça commence par une fête ou une occasion spéciale où je me laisse aller à manger sucré et ça continue dans les semaines qui suivent jusqu'à ce que je m'effondre en larmes et que je sombre dans la léthargie, la tristesse et l'anxiété. Je suis sûre que je pourrais vivre une vie heureuse et productive si seulement j'arrivais à supprimer le sucre. »

« Après avoir lu un livre sur les méfaits du sucre, j'ai arrêté d'en consommer. Ça n'a pas été facile, parce que le sucre est partout, mais je vérifie toujours qu'il n'y a pas de sucre dans ce que je mange. L'effet de ce régime a été étonnant. Avant, je dormais sept ou huit heures et j'étais constamment épuisé ; maintenant je ne dors que six heures par nuit et je suis en pleine forme. Je n'arrivais pas à me concentrer et je souffrais de graves crises d'anxiété ; maintenant j'ai l'esprit clair comme du cristal, et je me sens très calme. »

« Le sucre provoque chez moi sautes d'humeur et dépression, il n'y a pas de doute là-dessus. J'avais l'habitude de consommer des gâteaux, des pâtisseries, des boissons sucrées, etc. J'ai grandi de cette manière. J'étais aussi très instable émotionnellement et souvent déprimée. Je n'ai pas fait le lien jusqu'à ce que j'atteigne l'âge de trente ans. Fatiguée de toutes ces montagnes russes, j'ai arrêté complètement le sucre. Immédiatement, mon humeur s'est stabilisée et le nuage de la dépression s'est dissipé. Malheureusement, l'appel du sucre est trop fort... Je grignote un cookie par ci, un bonbon par là jusqu'à ce que je replonge, et vlan !... dépression. »

« Le sucre est vraiment l'origine de la dépression ! J'ai trente-trois ans, et je me bats contre la dépression, l'anxiété, des problèmes de thyroïde et la fibromyalgie. J'ai tout essayé : plus de trente traitements médicaux ! Plus un nombre incalculable de plantes, de vitamines et de minéraux... Je cherchais toujours le remède, la solution... Le sucre et la farine sont les grands coupables ! Ainsi que le café ! Je cherchais à perdre du poids et on m'a dit qu'en supprimant le sucre, je me débarrasserais facilement de mes kilos superflus. J'ai arrêté le sucre il y a seulement quelques jours. Qu'est-ce que je dors bien ! Ça faisait des années que je n'avais pas dormi comme ça ! La dépression, l'anxiété et les idées noires... tout ça s'est évanoui ! Je me demande si ce n'est pas le sucre qui était à l'origine de mon trouble bipolaire. »

Sucre et schizophrénie : les témoignages

De nombreux témoignages confirment aussi le lien entre sucre et schizophrénie. En voici quelques-uns :

« Mon fils est schizophrène. Dépendant au sucre, il en consomme un kilo par semaine. »

« Pendant ma schizophrénie, je buvais des boissons sucrées tout le temps... je ne buvais que ça. »

« Ma fille, schizophrène, consomme beaucoup de gâteaux et de mets sucrés. Elle n'était pas aussi gourmande avant sa maladie. »

« Je suis schizophrène. Quand je suis en hypoglycémie, je déréalise, j'ai l'impression de vivre dans un rêve et que rien n'est réel. »

« Pendant une bouffée délirante, le café était quasiment le seul truc que j'avalais... Je mettais la dose ! Et beaucoup de sucre pour faire passer l'amertume. »

« Je suis accroc au sucre. Je viens de manger un yaourt avec plein de sucre il y a 1/4 d'heure et j'en ai envie d'un autre maintenant...

Je me demande si ma maladie, la schizophrénie, n'a pas quelque chose à voir avec ce besoin ? »

« Mon conjoint est schizophrène. Il mange énormément de sucre, y compris en morceaux. De plus, il consomme de grandes quantités de chocolat (400 à 800 grammes par semaine). Je me demande s'il n'y a pas un rapport avec sa maladie. »

Bien sûr, tout cela ne signifie pas que le sucre soit la seule cause de la schizophrénie, c'est-à-dire de la succession de bouffées délirantes à laquelle on a donné ce nom. Tout comme la dépression, la schizophrénie est généralement causée par différents facteurs. Le sucre est l'un d'entre eux.

Souvent, le principal.

Réponse à des questions troublantes

Je vois d'ici votre perplexité, cher ami et lecteur : puisque le sucre est si nocif, si mauvais pour la santé mentale, comment se fait-il qu'on ne soit pas au courant, depuis le temps qu'on en mange ? Comment se fait-il que personne n'en parle ? Comment se fait-il que les docteurs et les psychiatres prescrivent des antidépresseurs à leurs patients déprimés sans même les interroger sur leur consommation de sucre ? Et que les livres consacrés à la dépression n'en parlent *jamais* (mais vraiment jamais) ?

Excellentes questions.

La vérité, si elle était connue, causerait bien du souci à deux puissants empires : l'industrie pharmaceutique et l'industrie du sucre (sans parler de l'industrie agroalimentaire dans son ensemble, qui met du sucre dans quasiment tous ses produits). Ces colosses-là ont tout intérêt à étouffer les faits. Et c'est ce qu'ils font : ils les étouffent si bien que les faits, asphyxiés, succombent.

D'autre part l'addiction au sucre est si répandue, pour ne pas dire si universelle, que les docteurs et les psychiatres ne sont pas moins concernés que le reste de la population. Eux aussi boivent des sodas, mangent des barres chocolatées, couvrent leurs frites de ketchup sucré, etc.

Comment pourraient-ils prendre conscience que leurs patients ont un problème de sucre, alors qu'à un moindre degré, ils ont exactement le même et qu'à leurs yeux, ce n'est même pas un problème ? De même, les docteurs « bons vivants » qui aiment le vin sont incapables d'aider leurs patients alcooliques à sortir de leur dépendance.

Autre question que vous vous posez peut-être : comment se fait-il que certaines personnes consomment beaucoup de sucre, et semblent malgré cela relativement saines et équilibrées ?

La réponse est que, face aux poisons, nous ne sommes pas tous égaux. Certains organismes plus vigoureux résistent plus longtemps que d'autres, ce qui ne rend pas les poisons moins nocifs, mais retarde les manifestations de leurs effets. Pour une personne ayant des glandes surrénales ou un pancréas fragiles, il suffira de très peu de sucre pour en voir tout de suite les amères conséquences ; pour une autre plus solide, il faudra plus de temps et plus de sucre.

D'autre part, il y a des causes de *santé* mentale comme il y a des causes de *maladie* mentale. Ainsi un individu qui pratique une activité sportive, a de bonnes relations avec sa famille et ses amis et un état d'esprit positif paraîtra moins vulnérable aux effets du sucre, non parce qu'il est immunisé contre eux (il ne l'est pas), mais parce qu'il a plusieurs atouts dans son jeu qui compensent cette mauvaise carte. En tout état de cause, si cet individu supprimait le sucre de son alimentation, il améliorerait sa santé physique et mentale.

Trompeuses étiquettes

Vous avez encore du mal à accepter l'idée que le sucre est une cause majeure de tant de maladies mentales, ou plus exactement, de tant de problèmes psychologiques qui ont la réputation d'être des maladies mentales ?

La psychiatrie y est probablement pour quelque chose.

En effet ses étiquettes séparent de manière artificielle et arbitraire la « déprime » de la « dépression », la « schizophrénie » des « bouffées délirantes », la « dépression » du « trouble bipolaire », etc. Cette multitude de noms donne l'illusion que les « maladies mentales » sont bien distinctes les unes des autres. Du coup, il est difficile de croire que tous ces problèmes puissent avoir une origine commune... en l'occurrence, le sucre.

Mais en réalité, les « maladies mentales » forment un continuum, et dès qu'on examine de près les symptômes qui les caractérisent, on s'aperçoit qu'ils se ressemblent comme des frères ou des cousins. Les ingrédients de toutes les maladies mentales sont en fin de compte peu nombreux.

Ce sont :

1/ le désespoir (dans sa version adoucie, la tristesse, le découragement, la mélancolie) ;

2/ la peur (autrement dit l'angoisse, le stress, les soucis) ;

3/ la folie (autrement dit la confusion mentale, le délire) ;

4/ la colère (autrement dit la rancune, le ressentiment, ou même la haine).

Tous les autres symptômes se rattachent d'une manière ou d'une autre à ces quatre ingrédients principaux.

Les « maladies mentales » sont donc, en un sens, beaucoup moins diverses qu'elles n'ont la réputation de l'être... Prise de conscience qui permet d'accepter le sucre comme l'une de leurs causes.

Sucre et non-sucre

Nous avons parlé jusqu'ici du sucre, mais qu'est-ce qui est du sucre, et qu'est-ce qui n'en est pas ?

C'est un point à mettre au clair, car il règne la plus grande confusion sur le sens du mot *sucre*. De nos jours on parle de *sucre* à propos de choses qui n'ont strictement rien à voir les unes avec les autres, telles que le riz complet, le sucre blanc et le glucose sanguin.

Cette confusion est soigneusement entretenue par l'industrie du sucre, qui a tout intérêt à brouiller les pistes.

Le sucre nocif, celui dont il est question dans ce chapitre, est un produit *raffiné*, c'est-à-dire, selon le dictionnaire, « débarrassé de ses impuretés ». Ces prétendues impuretés sont les fibres, les minéraux, les vitamines, bref tout ce qui fait de la canne à sucre et de la betterave des aliments digestibles et vivants. Dans le sucre raffiné, il ne reste plus que le saccharose qui, ainsi isolé, devient un poison pour l'organisme. Ce sucre raffiné est une drogue qui détruit à petit feu (ou à grand feu, si on en consomme beaucoup) la santé physique et mentale. Comme pour l'héroïne ou la morphine, l'accoutumance fait qu'on a besoin d'augmenter de plus en plus la dose : plus on en mange, plus on a envie d'en manger.

Ce n'est donc que par un abus de langage soigneusement calculé que l'on donne le même nom à ce poison et au riz complet, au blé complet, aux pois chiches, aux raisins secs, aux fruits frais et au miel, aliments naturels et entiers dont l'Humanité fait ses délices depuis la nuit des temps. Ces aliments-là sont innocents de tous les méfaits dont le sucre raffiné est coupable.

Voici un petit tableau récapitulatif pour y voir plus clair :

autrement gue	Ce qui a des effets nocifs comparables à ceux du sucre	Les aliments sains qu'on assimile à tort au sucre
ᴐux, additifs e en -*ose*.	Farine blanche, riz blanc, sel blanc, huiles raffinées - et toutes les cochonneries chimiques aux noms incompréhensibles que l'industrie agroalimentaire ajoute à ses produits.	Vrai miel, fruits frais, fruits secs, sirop d'érable (à condition qu'il soit pur), blé complet (pain complet, pâtes complètes, etc.) riz complet, pomme de terre, pois chiche, etc.

Supprimer le sucre de son alimentation, ce n'est donc pas renoncer au goût sucré, ni aux féculents.

Les préjugés pro-sucre

Plusieurs idées fausses présentent la consommation de sucre comme naturelle et normale, ou même souhaitable. Faisons-en rapidement le tour :

– « Nous avons besoin de sucre »

Nous avons besoin de fruits, de légumes, de céréales, mais nous n'avons pas besoin de sucre. Nous n'avons pas besoin de cocaïne non plus.

– « Il faut manger de tout »

Manger de tous les aliments, oui, peut-être... Et encore : quel intérêt ? D'ailleurs il y en a tant que c'est mission impossible. Quoi qu'il en soit, *le sucre raffiné n'est pas un aliment*. La preuve : sur une île déserte, on survit plus longtemps avec de l'eau qu'avec de l'eau et du sucre. Des naufragés en ont apporté bien malgré eux la démonstration.

    – « C'est tellement bon ! »

    Si les drogues ne procuraient aucun plaisir, aucun bien-être, qui se droguerait ? Le sucre est effectivement délicieux, mais il démolit la santé physique, mentale, et l'estime de soi. Qu'on se sache dépendant ou qu'on se refuse à l'admettre, être esclave d'une substance est toujours humiliant.

    – « Sans sucre, la vie serait triste... »

    C'est aussi ce que disent les alcooliques qui ne veulent pas arrêter l'alcool. La réalité est très différente : quand on cesse complètement de manger du sucre, les aliments retrouvent toute leur saveur originelle et on (re)découvre le plaisir de manger, qui est très différent du plaisir de se droguer. On trouve ou retrouve aussi l'énergie et la joie de vivre dont le sucre nous avait privé.

    Ce qui serait triste, inutilement triste, c'est une alimentation ne comportant pas d'aliment au goût sucré – une alimentation sans fruits, sans miel. Mais la bonne nouvelle, c'est qu'on peut manger sainement tout en se faisant plaisir avec des douceurs. Et si vous ne voyez pas du tout à quelles douceurs je fais ici allusion, voici quelques suggestions :

➢ Mélangez cinq cuillères à soupe de purée de sésame ou de purée d'amande avec trois cuillères à café de miel : il en résulte une pâte à tartiner absolument délicieuse.

➢ Prenez un litre d'eau de source ; ajoutez-lui six cuillères à soupe de sirop d'érable et le jus de deux citrons. Mélangez. Vous obtenez une boisson saine et désaltérante qui laisse loin derrière elle tous les sodas chimiques.

➢ Mélangez de la poudre d'amande avec un peu de miel, de manière à obtenir une pâte d'amande assez ferme. Dénoyautez de (bonnes) dattes et fourrez-les avec cette pâte. Le résultat est succulent, régal garanti.

➢ Mixez un bol de lait avec une banane, une poire, quatre dattes, et un bout de gingembre frais, vous obtiendrez une boisson énergétique et goûteuse.

    C'est sur ces considérations en fin de compte plus douces qu'amères que se termine la partie sur les causes biologiques de la dépression.

À retenir

● Malgré la douceur de son goût, le sucre est une drogue dure.

● Dépression, trouble bipolaire, schizophrénie, angoisse... la consommation de sucre est l'une des causes des maladies dites mentales. Parfois, la principale.

Conseil

▶ Faites un test : supprimez le sucre de votre alimentation pendant un mois. Vous vous sentez merveilleusement bien ? Normal : vous avez éliminé un poison de votre alimentation.

Lecture recommandée

☐ *Le sucre, cet ami qui vous veut du mal*, de **William Dufty**. Ce livre, un best-seller aux États-Unis, est extrêmement instructif, intelligent, et très agréable à lire. Je vous le recommande chaudement. Non seulement il raconte d'une manière magistrale et captivante la ténébreuse histoire du sucre blanc, mais les précieuses informations qu'il contient vous aideront à prendre la bonne décision qui s'impose.

III. Pseudo-causes
et vraies causes

Parmi les causes les plus connues de la dépression, toutes ne sont pas réelles. Exemples de causes réelles : un divorce. Un deuil. Exemples de causes imaginaires : le célèbre déséquilibre chimique. La fameuse prédisposition génétique.

Mais il y a bien d'autres facteurs fictifs de dépression...

Dans cette partie, nous allons examiner plusieurs causes imaginaires mais populaires, pseudo-causes qui passent pour vraies auprès d'une grande partie de la population. Vous aurez ainsi l'occasion de prendre conscience que vous en aviez accusé plusieurs à tort, et de découvrir les causes secrètes, mais bien réelles, qui se cachent derrière ces leurres.

Une tristesse congénitale ?

Se pourrait-il que la dépression soit un trait inné de la personnalité ?

Certains individus seraient déprimés de la même manière que d'autres ont la bosse des maths ou un don pour les claquettes... C'est du moins ce que croient les personnes qui tiennent les propos suivants :

> « Je suis Capricorne et tout le monde sait que les Capricornes ne respirent pas la joie de vivre. »

> « Ma dépression est un trait de ma personnalité. Certains ont un gros nez, d'autres sont extravertis, et moi je suis triste… »

Vous avez peut-être reconnu le thème de « la prédisposition génétique à la dépression ». C'est effectivement une variante, la version populaire de ce mythe scientiste.

La tristesse, congénitale ?

Un trait inné ?

Préférer la natation au pédalo n'est pas un problème. Être plutôt manuel ou plutôt intellectuel n'est pas un problème. Alors pourquoi se sentir déprimé en est un ?

Pourquoi est-ce si pénible ?

Si la dépression était un trait inné au même titre que l'extraversion ou une prédisposition pour le patin à glace, elle ne générerait aucun malaise ; personne ne s'en plaindrait. Un tigre souffre-t-il d'avoir des rayures et d'aimer la viande ? Un rossignol est-il malheureux de chanter au clair de lune ?

C'est le contraire : vivre conformément à leur nature originelle les rend heureux. Le rossignol chante harmonieusement sa joie de vivre ; le tigre se délecte en mangeant son steak de gazelle. De même, notre authentique personnalité ne saurait nous rendre triste : un être humain ne souffre pas d'être ce qu'il est *censé* être, ce qu'il *doit* être.

Il est vrai que nous sommes parfois fortement contrariés (et c'est un euphémisme) par les conséquences de nos actes et nonactes, mais en aucun cas notre nature originelle, celle que nous avons apportée en naissant, ne nous rend misérables. C'est elle, au contraire, qui nous permet de goûter au bien-être et à la paix.

C'est quand nous *désobéissons* à notre nature que nous sommes malheureux.

Les tigre et les rossignols sont tristes en cage, parce qu'ils n'ont pas étés créés pour une vie de servitude. De même, nous souffrons quand nous sommes dans l'incapacité (provisoire) de vivre conformément à notre nature ou que nous nous en éloignons par nos choix. Trahir sa nature, sa vérité profonde, son être originel, c'est prendre la route du malheur, le chemin de la dépression.

Les étoiles

Et le, que faut-il en penser ?

Qu'on soit Capricorne, ou Scorpion (l'autodestruction), ou Bélier (l'agressivité), ou Balance (l'indécision mélancolique), ou n'importe quel autre signe, on peut toujours trouver une bonne raison d'être malheureux. Ou plutôt une mauvaise. Il suffit de fouiller dans le côté obscur de son signe, et le tour est joué... Les étoiles ont bon dos. Ce n'est là qu'un lamentable ersatz d'explication.

Vous croyez à l'astrologie ?

Selon l'astrologie indienne les signes sont calculés d'une autre manière. (D'après ce que j'ai compris, une manière plus fiable.) Si, donc, vous croyez que vous êtes déprimé parce que vous êtes Capricorne, en Inde vous seriez peut-être déprimé pour une raison opposée : parce que vous êtes Verseau...

Quel crédit accorder à une « science » aussi versatile ?

L'argument par l'enfance

Certaines personnes *tiennent* à croire que leur malheur est inné. C'est le cas de Florimond. Pour apporter la preuve que la dépression est une part congénitale de sa personnalité, il avance l'argument suivant :

« Je suis dépressif depuis que je suis enfant, quoique tout fût mis en œuvre pour m'offrir une vie d'enfant idéale : déjà bébé, j'étais très déprimé. »

D'accord, Florimond se souvient d'avoir été un enfant morose. Qu'est-ce que ça prouve ?

Pas grand chose.

Il se peut que sa mémoire fasse le tri, sélectionnant pour lui les souvenirs qui font écho à son spleen actuel. Lorsque nous nous remémorons le passé, notre esprit se tourne naturellement vers ce qui correspond le mieux à notre humeur présente.

Autre explication possible : Florimond a été effectivement un bébé et un enfant tristounet, et dans ce cas ce n'est pas sans raison, même s'il ne voit pas du tout laquelle. En effet, et cette loi ne souffre pas d'exception, un bébé qui reçoit de ses parents tout l'amour et la tendresse dont il a besoin sur une base quotidienne est heureux de vivre. Au moindre prétexte, il sourit de toutes ses dents, même s'il n'en a que quatre. À la moindre occasion, il s'esclaffe. Autrement dit, si Florimond avait bénéficié d'un environnement optimal riche en câlins et bisous, il aurait été un poupon pétillant et un enfant heureux.

Conclusion : les « explications » fatalistes de la dépression sont de pâles imitations de cause qui ne valent pas tripette. Dans tous les cas, il y a toujours une explication plus pertinente que : « je suis né ainsi ».

À retenir

● La dépression n'est pas, et ne peut pas être, un trait inné de la personnalité. Personne ne naît déprimé. Personne ne souffre à cause de sa nature innée.

● Ce n'est pas notre personnalité profonde qui nous rend malheureux, mais au contraire ce qui nous en éloigne.

● Un bébé qui reçoit tout l'amour et la sollicitude dont il a besoin est un bébé heureux.

Conseils

▶ Méfiez-vous de l'astrologie. Son déterminisme est décourageant, même quand elle se prétend humaniste.

L'enfance ?

Personne ne conteste (ou du moins pas moi) que Gustave, que son père rouait de coups tous les dimanches, aura plus de problèmes psychologiques à résoudre lorsqu'il sera adulte que Gwendoline, qui a joui d'une enfance paisible au sein d'une famille aimante. Lorsqu'on prend un mauvais départ dans la vie, toute la suite en est compliquée.

Faut-il en conclure sans autre forme de procès que si Gustave tombe en dépression à trente ans sonnés, c'est à cause de son enfance difficile ?

Cette idée, qu'affectionnent les psychanalystes, débouche sur une impasse. On ne brûle pas des cendres, on ne réécrit pas le passé. Si ce sont les événements de notre petite enfance qui déterminent notre humeur présente, comment Gustave pourra-t-il retrouver le goût du bonheur ?

L'origine n'est pas la cause

Heureusement pour Gustave, son enfance n'est pas la cause de sa dépression. C'est seulement son origine. Vous ne voyez pas la différence ?

C'est qu'elle est subtile... mais essentielle.

L'enfance malheureuse de Gustave est le point de départ de sa dépression. C'est là que tout a commencé. Mais ce n'est pas la cause de sa dépression – ce n'est pas ce lointain passé qui cause sa souffrance actuelle.

Quand une carafe en cristal posée sur une table en tombe et se brise en mille morceaux, ce n'est pas à cause d'un événement ayant lieu vingt ans plus tôt, mais à cause de quelque chose qui s'est passé quelques secondes, ou quelques microsecondes, avant sa chute.

Bien sûr, la cause de la chute a elle-même une cause, qui a elle-même une cause, etc. On peut ainsi remonter de cause en cause toujours plus loin et toujours plus haut dans le passé... Mais le principal pour nous, c'est qu'un phénomène a toujours une ou des causes immédiates.

La véritable cause

Revenons à Gustave.

Si son père le traitait de « p'tit con », ce qui le fait souffrir aujourd'hui, *c'est qu'il y croit encore.* Ce n'est pas le passé qui lui fait mal, c'est la confiance actuelle qu'il a dans la parole de son père.

Ou parlons d'Adélaïde.

Adélaïde a vécu les premières années de sa vie dans une ambiance glaciale. Ses parents étaient indifférents. La petite Adélaïde en a déduit qu'elle n'était pas importante. Aujourd'hui, elle le croit toujours. Ce n'est pas l'enfance d'Adélaïde qui l'a fait souffrir ; c'est sa conviction présente qu'elle ne compte pas.

On peut avoir l'impression très nette qu'on souffre à cause de son enfance, mais chez l'adulte, l'enfance (malheureuse) est une pseudo-cause de dépression.

La véritable cause qui se cache derrière cette pseudo-cause, c'est la constellation de convictions erronées et d'idées absurdes qu'on s'est forgées au cours de l'enfance et à laquelle on continue à croire *aujourd'hui.* Ce sont les croyances qu'on nourrit présentement, croyances qu'on crée à partir des événements, et non les événements en eux-mêmes et par eux-mêmes, qui déterminent nos émotions.

À retenir

• Une enfance malheureuse peut être à l'origine d'une dépression à l'âge adulte, mais n'en est jamais la cause. La cause est actuelle : ce sont les croyances que l'on entretient aujourd'hui, croyances qu'on s'est forgé dans l'enfance et qu'on a conservées telles quelles en dépit de leur absurdité.

Lectures recommandées

☐ *Parents toxiques : comment échapper à leur emprise* de

Susan Forward. Un livre excellent. À lire si vous avez l'impression que quelque chose cloche dans votre famille d'origine.

☐ *Enfance malheureuse, vie heureuse : S'épanouir et réussir sa vie en dépit d'une enfance malheureuse* de **Laura C. Schlessinger.** Pour passer de survivant à conquérant.

Méthode recommandée

☐ *Méthode Morty Lefkoe.* Cette méthode permet d'éliminer rapidement une foule de croyances négatives issues du passé telles que *je ne suis pas à la hauteur, je ne suis pas important...* On peut la tester gratuitement (en anglais) l'adresse suivante : http://www.mortylefkoe.com/

Le passé ?

Enfance à part, le passé peut-il être une cause de dépression ?

Oui, si l'on en croit les bourreaux d'eux-mêmes qui se torturent avec.

Voici par exemple comment un homme, qui a la chance d'être marié à une femme qu'il aime et qui l'aime, cloue le passé de sa femme en croix pour s'y crucifier lui-même :

> « J'ai découvert il y a quelque mois le passé de celle qui est ma femme adorée... Penser que des sales types (trois hommes mariés faisant croire qu'ils étaient divorcés) ont couché avec ma femme quand elle avait une vingtaine d'années et sont heureux de leur sort actuellement me rend malade. D'autant plus que c'est le passé et que je ne peux rien y changer... Je me sens nul parce que des tas de gens ont profité de ma femme, tandis que moi je n'ai pas profité de la leur. Je suis donc plus nul que tous ces types. Je ne suis donc rien, je ne vaux rien. Et ce n'est pas une idée, c'est un fait ! Je ne me suicide pas encore mais je ne pense qu'à ça... »

D'après ce jaloux rétrospectif c'est le passé – passé fixe et inaltérable auquel personne ne peut changer une virgule – qui est la cause de sa souffrance et de ses idées suicidaires.... Mais ce passé n'est qu'un ersatz de cause. La véritable cause, c'est la manière dont il l'interprète aujourd'hui.

D'autres interprétations possibles

La vérité, c'est que cet homme dévoré par la jalousie et la haine ne souffre pas du passé de sa femme. Il souffre uniquement de *l'interprétation* qu'il en fait. Au lieu de se cramponner à sa version paranoïaque des faits, il pourrait se dire :

— Ma femme est une perle. Heureusement que ses ex-compagnons ne s'en sont pas rendu compte et l'ont quittée ! S'ils avaient été moins stupides, je n'aurais jamais eu la chance de la rencontrer.

Ou il pourrait se dire :

— La pauvre, elle a dégusté ! Heureusement pour elle, elle est finalement tombée sur moi. Je ne lui ferai pas vivre un enfer comme tous ces sales types ; je ferai tout ce qu'il faut pour la rendre heureuse...

Ou encore :

— C'est une chance que ma femme soit tombée sur des crétins de ce genre avant de me rencontrer, car de cette manière elle apprécie à sa juste valeur mon engagement pour elle. Peut-être que si elle n'avait pas souffert avec ces gugusses, elle serait encore attirée par leur genre.

Qui a le pouvoir ?

Vous croyez que c'est votre passé qui vous fait souffrir ?

Erreur. C'est la manière dont vous l'interprétez et dont vous y pensez qui vous fait souffrir. Le passé lui-même est mort et enterré. Il n'a pas de pouvoir.

C'est *vous* qui avez du pouvoir.

Nous pouvons nous rendre très malheureux (et déprimer aussi les autres) en nous complaisant dans des pensées folles, douloureuses et néfastes, et nous avons aussi le pouvoir de faire l'inverse : celui de donner naissance à notre propre bonheur en cultivant des pensées joyeusement pertinentes, lucidement optimistes et sereinement logiques.

La solitude ?

La solitude est-elle une cause de dépression ?

Oui, d'après tous ceux qui cherchent à la briser.

Et comment leur donner tort ?

Les loups solitaires hurlent à la mort ; les ours mal léchés ne sont pas gais. Tant qu'on n'arrive pas à établir des relations cordiales avec ses semblables, on ne peut pas être complètement heureux.

Trois sortes de solitude

Il y a trois sortes de solitude : l'existentielle, la subjective et l'objective.

1/ Existentielle : nous sommes entrés seuls et nus dans ce monde, par une porte où deux ne peuvent passer en même temps (même pas des jumeaux), et nous en sortirons seuls aussi. Personne ne nous accompagnera. Il n'y a pas que Sissi qui soit seule face à son destin. Vous l'êtes aussi. Je le suis aussi. Tous les autres le sont aussi. Cette solitude-là est une part incontournable de la condition humaine. Beaucoup essaient de la fuir ; personne ne peut y échapper.

2/ Subjective : on est parfois très seul quoique très entouré. Ce sentiment de solitude naît d'une difficulté à communiquer à un niveau authentique avec les autres, soit parce que les autres n'ont pas les mêmes principes et valeurs, soit parce qu'on n'a pas encore développé son individualité propre.

Quand on souffre de cette solitude subjective, les autres nous sourient... mais on ne peut leur rendre leur sourire. Ils nous tendent la main... mais on ne sait pas la saisir. L'amitié, la chaleur humaine et du café nous sont offerts... mais on ne parvient pas à les accepter de bon cœur. Tout se passe comme si une vitre invisible nous séparait de nos semblables.

3/ Objective : passer du temps en tête à tête avec soi-même, c'est être objectivement seul. La plupart des gens qui se plaignent de la solitude font référence à cette solitude objective, factuelle.

Les bienfaits de la solitude objective

Comme toute chose en ce monde, la solitude objective a des avantages comme des inconvénients. Tout le monde connaît ses inconvénients ; parlons donc un peu de ses avantages. Je suis bien placée pour en parler, car la solitude a fait beaucoup pour moi.

Saviez-vous que la plupart des grands hommes qui ont marqué l'Histoire ont connu, au moins au cours de leur jeunesse, de longues périodes de solitude ?

Ce n'est pas un hasard si ces personnalités de premier plan avaient l'habitude de s'isoler... La solitude stimule la réflexion ; les pensées et les questions éclosent dans son silence. Pour élaborer une stratégie, quelle qu'elle soit, il ne faut ni télé, ni musique, ni interruption. L'esprit doit se ramasser sur un seul point, comme les faisceaux lumineux d'un rayon laser. Une telle concentration n'est possible que dans la solitude, le silence et le calme.

Et ce n'est pas le seul bienfait de la solitude.

Car qui peut nier qu'elle soit un maître ?

Le plus grand gourou de l'introspection ?

Quand on ne se fréquente pas, on ne se connaît pas. La solitude est l'occasion d'entrer en contact avec ses pensées, ses émotions, ses désirs, ses souvenirs. Elle est aussi l'occasion de faire le tri entre l'authentique et le factice, entre ce qui nous tient réellement à cœur et les croyances parasites que nous nous sommes laissé imposer par le monde extérieur. C'est la solitude, et uniquement elle, qui permet de se soustraire à la force centrifuge des divertissements et des distractions pour réintégrer son centre et entrer en soi-même, au cœur de son cœur.

Les plus grands voyages sont intérieurs. On les fait entre les quatre murs de sa chambre – ou sous un arbre, dans le silence crissant des cigales. Ou près d'un ruisseau qui murmure. Ces Odyssées invisibles dont on sort transformé, on les accomplit en allant jusqu'au bout de ses pensées. Un jusqu'au-boutisme que seule la solitude rend possible.

Les autres nous renvoient trop souvent à l'image vieillotte et périmée qu'ils se font de nous ; dans la solitude on peut se libérer de leurs définitions réductrices pour (re)construire les fondations de son vrai Moi. Quand on n'est encore que l'embryon de soi-même, la promesse de son avenir, la solitude est moins une ennemie qu'une amie douce et maternelle, moins une prison qu'une terre généreuse où pousser racines, ou une coquille protectrice où pousser tranquillement ses plumes et ses ailes.

Solitude et sociabilité

La solitude peut être enfin le lieu où l'on se prépare à rencontrer ses semblables... Vous voulez plus d'amis ? Paradoxalement, la solitude peut vous aider à atteindre cet objectif. On a des amis quand on est amical soi-même : c'est le seul moyen fiable de se faire de nouveaux amis, ou de garder les anciens. Or être amical est une compétence – une compétence qui s'apprend.

Où ?

Parfois, dans les livres :

> « Il y a quelques années j'étais l'archétype du loup solitaire. J'ai été très près de me suicider. J'étais enfermé dans la solitude. Je voulais des amis mais je n'avais aucune idée du moyen de les obtenir. Un livre m'a littéralement sauvé la vie... Il m'a permis de comprendre qu'être social, faire des amis et être apprécié est une compétence. Jusque-là, je n'avais jamais réalisé qu'on pouvait s'entraîner à ça et s'améliorer dans ces domaines. Ce livre m'a conduit sur le chemin du développement personnel... et finalement j'ai pris conscience que tout est une compétence. On peut apprendre dans tous les domaines. On peut s'entraîner et s'améliorer à n'importe quoi.

Même à être heureux. Si vous voulez être plus heureux, ou plus attirant, vous pouvez l'être. Vous n'avez pas besoin de rester déprimé et misérable. »

C'est dans le calme de la solitude qu'on étudie les livres qui permettent de changer... et finalement, de quitter l'identité de loup solitaire pour celle de...

Grand Méchant Loup ? P'tit loup ? Jeune loup aux dents longues ? Illustre loup blanc ? Louveteau chez les scouts ? Loup-phoque, guenillou, Milou, zoulou, gros loup ?

Vous avez l'embarras du choix.

À retenir

● Pour élaborer une stratégie de vie, il faut passer du temps en tête-à-tête avec soi-même.

● La solitude permet de se connaître, de se développer, et même d'apprendre à se faire de nouveaux amis.

Conseil

▶ Si vous voulez planifier votre vie (et bien sûr, vivre votre plan), apprivoisez la solitude : au lieu de la subir comme une fatalité, utilisez-la. Elle vous rendra d'immenses services.

Lectures recommandées

☐ *Comment se faire des amis et influencer les gens* de **Dale Carnegie**. Un grand classique ; indispensable pour ceux qui aspirent à une vie sociale épanouie.

☐ *Comment parler à tout le monde* de **Leil Lowndes**. Beaucoup de bons conseils et un style agréable.

La faiblesse ?

La faiblesse (morale) serait-elle une cause de dépression ?
Voici quelques témoignages qui semblent aller dans ce sens :

« Je n'ai pas les codes pour être quelqu'un de sociable, pour comprendre et gérer les relations... Du coup je me sens faible, j'ai l'apparence de quelqu'un de faible et j'ai peur qu'on s'en prenne à moi. »

« Toutes ces années de malheurs, de peines et de mal-être ont développé chez moi une sorte de faiblesse chronique. Je n'ai plus de force… je n'ai aucun but, aucun sentiment à part une tristesse totale. Le matin, pour me lever, c'est l'horreur. »

« La vie ne m'intéresse pas. Elle me fait beaucoup plus peur que la mort, que j'attends avec impatience. Je suis épuisée de me battre ; je ne sais plus vers qui me tourner. Je suis trop faible pour assumer mes erreurs, pour aller de l'avant, pour profiter du présent avec ceux que j'aime. »

Je me souviens de ce que je ressentais à l'époque. Un cœur tout mou, une sentimentalité larmoyante, une instabilité de trépied rompu qui ne s'équilibrait jamais… Les autres m'écorchaient et me lacéraient lorsqu'ils m'effleuraient de leurs carapaces de rhinocéros bardées de fer, sans même s'en apercevoir ; le problème ne venait pas d'eux mais bien de moi et de ma chair trop fragile, de la gélatine d'émotions contradictoires qui me tenait lieu de tête, de cette faiblesse qui me faisait honte, et que je ne pouvais jamais oublier parce qu'elle m'accompagnait partout, blessure où s'engouffraient tous les hameçons.

Faiblesse de vaincu qui refusait le combat : avant même de me battre j'avais perdu la bataille. Celle-ci comme toutes les autres.

Il y avait un point mou et immature au centre de mon âme ; quelque chose qui était resté bébé, ou même fœtus recroquevillé, petit bout de chair informe tapi dans un coin d'utérus. Quelque chose qui n'acceptait pas d'être né, et qui croyait savoir qu'il n'aurait jamais la force d'exister sur le devant de la scène. Lorsqu'il était question de se battre pour exister, cette part immature disait : « Pouce ! Je ne joue pas. »

Et cette faiblesse ne cessait jamais…

Et pourtant, à cette époque, j'avais malgré tout de la force.

Et vous aussi, vous en avez, même si vous vous sentez aussi faible que je me sentais. La faiblesse est une impression ; une impression envahissante, douloureuse, pénible. Par contre, la force n'est pas une impression. La force est une réalité. En tant qu'être humain, vous en êtes pourvu. L'étymologie indique que *force* vient du bas latin *fortia*, qui signifie « actes de courage » : vous êtes fort parce que vous pouvez faire preuve de courage.

Aucune Carabosse malveillante n'a jeté de malédiction sur votre berceau vous condamnant à l'impuissance, ou si c'est le cas, vous pouvez briser le sortilège. Votre force vous le permet. Votre courage vous y autorise. Au-delà et en deçà de l'impression de fragilité qui peut-être vous accable, vous êtes fort.

Beaucoup plus fort que vous ne l'imaginez.

Plus fort, c'est-à-dire plus sage, plus solide, plus armé. La preuve : vous n'êtes pas en train de pleurer, recroquevillé dans votre salle de bains, la tête sous le lavabo. Vous n'êtes pas en train de boire un dixième verre d'alcool pour oublier. Vous n'êtes pas en train de piétiner l'ego d'une caissière qui ne vous a rien fait, pour vous venger du mal que quelqu'un d'autre vous a fait. Vous ne vous laissez pas aller ; vous ne vous laissez pas glisser vers le fond.

Tout au contraire vous luttez contre le courant, vous cherchez une solution à vos problèmes, vous explorez un livre à la recherche d'idées qui puissent vous aider. C'est un signe de force.

Une preuve de courage.

Les batailles et tempêtes intérieures ne sont pas moins terribles que les autres. Les grandes victoires – comme les grandes défaites – sont celles qui nous mettent aux prises avec nous-mêmes. Et qui triomphe de lui-même a triomphé tout court. Puisque vous luttez contre vous, vous êtes plus fort que vous n'en avez conscience.

Et au fur et à mesure que vous vous débarrasserez de vos chaînes, cette force qui est la vôtre va encore grandir. Un prisonnier n'est pas intrinsèquement faible, il est juste... prisonnier. Ce que vous prenez pour une faiblesse inhérente à votre personnalité est uniquement la conséquence d'une ou de plusieurs causes précises dont vous avez déjà commencé à vous libérer.

Il faut aussi garder à l'esprit que la faiblesse n'est pas juste une absence de force ; c'est une façon de penser et de vivre ; c'est une manière de faire et de ne pas faire ; c'est quasiment un muscle. Aussi étrange que cela puisse paraître, on s'entraîne à être faible comme d'autres s'entraînent à un marathon. On devient « fort en faiblesse » comme on devient fort en maths ou en natation : à force de pratiquer, à force de répéter tous les jours les mêmes pensées, les mêmes gestes. C'est cet entraînement régulier qui permet d'exceller dans l'impuissance, une réussite qui n'en est absolument pas une.

Et de même que la faiblesse est un muscle la force en est un autre, un muscle antagoniste. Lorsqu'on s'est beaucoup servi, pendant des années, du muscle *faiblesse*, on trouve difficile et contre nature de se servir du muscle *force*, qui pendant ce temps s'est atrophié. Mais il n'en est pas moins là, et passé les premières courbatures, il fonctionne aussi bien que l'autre.

Quel muscle voulez-vous développer ? Quelle faculté choisissez-vous de cultivez ?

Tout est là.

À retenir
● Vous êtes plus fort(e) que vous ne le croyez.

Conseils
▶ Faites preuve de courage : c'est de cette manière que vous prendrez conscience de votre force et que vous la développerez.

Lecture recommandée
☐ *Tremblez mais osez*, de Susan Jeffers, livre que je vous re-conseille.

Les défauts ?

Peut-on être durablement et profondément déprimé par ses défauts ? Se sentir lamentable pour de bonnes raisons ?

Si vous avez déjà été démoralisé à l'idée que vous étiez [complétez comme vous voulez], vous aurez sûrement envie de répondre oui. Mais tout le monde a des points faibles... tout le monde commet des erreurs. Alors qu'est-ce qui différencie le pékin qui broie du noir du gaillard qui croque du rose et du vert ? Les « dépressifs » auraient-ils plus de défauts que les autres, ou seraient-ils plus lucides ? Voient-ils mieux leurs failles, ou en ont-ils davantage ?

Quatre erreurs qui ne rendent pas gai

Ni l'un, ni l'autre.

Quand on est profondément attristé par ses faiblesses et ses manques, c'est parce qu'on commet l'une des erreurs suivantes :

1/ On prend pour un trait de personnalité fixe et inaltérable ce qui n'est rien de plus qu'une mauvaise habitude. En d'autres termes, on se croit condamné à garder le défaut en question à vie.

2/ On sous-estime l'importance de ses points forts et on surestime l'importance de ses points faibles : dans son image-de-soi, on met ses défauts au centre, et ses qualités à la périphérie.

3/ On s'imagine que tant qu'on n'aura pas transformé ses points faibles en points forts, on ne vaudra rien de bon et on ne pourra rien accomplir de valable.

4/ On se juge avec les critères de quelqu'un d'autre.

Examinons chacun de ces points.

Nous ne sommes pas immuables

Lorsque j'étais dépressive, il m'arrivait souvent de ressasser une phrase cruelle : « je ne suis pas aimable… » Cette phrase n'avait pour moi aucun contenu précis ; elle était juste une cause de souffrance.

Lorsqu'une psy essaya de me convaincre que, si, si, j'étais une personne aimable, elle se heurta à mon incrédulité. D'abord elle ne me connaissait pas ; ensuite, elle était payée pour dire quelque chose de ce genre ; enfin, comment aurait-elle pu savoir mieux que moi ce que j'étais ?

Rétrospectivement, je ne me dis pas : « Oh, mon Dieu, que j'étais bête à l'époque : j'étais aimable et je ne m'en rendais pas compte ! » Je me dis plutôt : « Je n'avais pas tort. C'est vrai, je n'étais pas particulièrement aimable… » J'avais raison de penser que je n'étais pas aimable (au sens « souriante, sympathique, agréable, avenante ») mais j'avais tort de croire que cette absence d'amabilité était rédhibitoire, tort de croire qu'elle faisait partie de mon essence, de mon être le plus intime. Mon manque d'amabilité n'était pas un trait génétique que j'avais apporté en naissant, comme la couleur de mes yeux.

Un être humain n'est pas « gentil », « méchant », « aimable » ou « pas aimable » d'une manière innée et irréversible, comme un éléphant est un pachyderme ou comme un canard est un palmipède. En d'autres termes, j'aurais pu devenir aimable si je m'en étais donné les moyens.

On fait tous cette erreur : on prend pour un trait fixe et inamovible ce qui peut changer. On s'imagine que nos vérités provisoires sont des vérités définitives. On se confond avec sa propre statue de cire au musée Tussaud.

Pourquoi ?

Peut-être parce qu'on n'a pas suffisamment réfléchi à ce qu'est un être humain. Un être humain n'est pas, comme le prétend une certaine philosophie, un produit doublement conditionné. Ce n'est pas un prisonnier menotté par le gendarme Nature d'un côté, et par le gendarme Culture de l'autre. Nous ne sommes pas coincés entre nos gènes et notre environnement social, c'est même tout le contraire : nous nous construisons nous-mêmes par nos choix. Nos habitudes, nos décisions, nos pensées nous façonnent. Nous sommes les enfants toujours ressemblants de ce que nous avons fait, dit et pensé avant.

Nos caractéristiques plus ou moins enviables ne sont donc pas immuables. À chaque choix nous les confirmons ou nous les infirmons, nous les renforçons ou nous les contredisons. Tant qu'on respire, rien n'est définitivement joué, tout est encore sur le tapis. Même les meilleurs peuvent dégringoler quelques échelons ; même les pires peuvent s'amender et grimper, grimper de plus en plus haut.

La nature humaine est pareille à un territoire infiniment vaste où chaque être humain campe quelque part. On peut fixer sa tente à un endroit et n'en plus bouger. C'est ce que font ceux qui disent : « Ce n'est pas à un vieux singe qu'on apprend la grimace, à mon âge on ne change pas, j'ai toujours été comme ça alors je ne vais pas changer maintenant, dans ma famille on est comme ça, de toute façon c'est génétique, etc. » Ceux-là prétendent que leur tente est en pierre et qu'elle est plantée là depuis la nuit des temps – même si ça fait tout au plus vingt ou trente ans.

On peut aussi déplacer sa tente de jour en jour pour se rapprocher d'un précipice vertigineux où tant d'autres se sont écrasés en silence. C'est ce que font ceux qui disent : « De toute façon ça ne sert à rien, j'ai déjà essayé, je ne manquerai à personne, ce n'est pas un petit verre qui va me rendre alcoolique, après moi le déluge, on s'en fout, je m'en fous, je *sais*, etc. »

On peut enfin déplacer sa tente de jour en jour pour se rapprocher du magnifique sommet de la montagne, comme l'ont fait d'autres avant nous – ils y ont trouvé une vie utile et heureuse, leurs biographies en témoignent. C'est ce que font ceux qui disent : « L'être humain est perfectible, je peux changer, je peux m'améliorer, avec de la persévérance on vient à bout de tout, j'ai du pouvoir sur mon attitude, je peux y arriver, je peux trouver, il y a certainement une chance qui se cache derrière cette malchance, je peux aider les autres, je peux apporter une contribution positive à l'humanité, etc. »

Sans fruit, sans beurre et sans farine

La première erreur démoralisante consiste donc à croire ses défauts gravés dans le marbre ; la seconde, à surestimer leur importance.

Quand je me regardais dans la glace, je ne voyais ni mes qualités physiques, ni mes qualités morales. Je voyais uniquement mon manque de menton, mon manque de volonté, mon manque d'amabilité, mon manque d'organisation... Je me définissais négativement par toutes les qualités qui me manquaient, au lieu de me définir positivement par toutes les qualités dont j'étais dotée. Avec un tel point de vue sur moi-même, je ne pouvais pas m'aimer, de la même manière que personne ne serait tenté par un chocolat liégeois, s'il savait seulement que c'est un dessert sans fruit, sans beurre et sans farine.

Pas très appétissant, n'est-ce pas ?

Si, comme moi à une certaine époque, vous avez tendance à vous focaliser sur vos points faibles en leur accordant toute votre attention, commencez dès aujourd'hui à faire l'inverse : faites la liste de vos qualités et relisez-la régulièrement.

Le secret du succès

Quand je me suis libérée de la première erreur (qui consiste à croire ses défauts impossibles à corriger), je suis tombée dans une autre qui lui fait face : j'ai cru qu'avant de réaliser quoi que ce soit d'envergure, je devais m'améliorer radicalement en transformant tous mes points faibles en points forts.

Vous aussi, vous croyez que vous devez corriger tous vos défauts pour atteindre vos objectifs ?

Alors j'ai une excellente nouvelle pour vous : ce n'est pas nécessaire. En effet ce n'est pas en se focalisant sur ses points faibles – même dans le but louable de s'en corriger – qu'on obtient le succès.

Mais alors, me direz-vous peut-être, comment l'obtient-on ?

En renforçant ses points forts.

Ça peut paraître contre-intuitif, mais le succès n'est pas réservé à ceux qui ont réussi à corriger tous leurs défauts (d'ailleurs ces extraterrestres existent-ils vraiment ? Les preuves de leur existence tardent à venir), mais plutôt à ceux qui se sont spécialisés à outrance, devenant excellents dans un domaine bien précis : le leur.

Reprenons la comparaison avec le chocolat liégeois.

Le meilleur chocolat liégeois, celui qui fera le succès du glacier qui le propose à ses clients frétillants de convoitise, ce n'est pas le chocolat liégeois où l'on aura ajouté un peu de farine, de fruit et de beurre, mais celui qui sera strictement fidèle à sa recette, et dont chaque ingrédient sera de la plus haute qualité. Oublier qu'on est mauvais en ceci ou en cela, se perfectionner sans relâche dans le domaine où l'on est déjà bon, et ainsi, aller jusqu'au bout de sa vocation : tel est le secret du succès ici-bas.

Autre point à noter : le fait d'atteindre un but ambitieux génère ou libère un surcroît de force. Autrement dit pour réaliser vos rêves, vous n'avez pas besoin d'être parfait, mais pour vous perfectionner sur certains points, vous avez peut-être besoin de réaliser vos rêves. Heather Seller, auteure de plusieurs ouvrages dont l'excellent *Chapter after chapter,* raconte qu'après avoir achevé son premier livre, elle a appris à changer un pneu, fait un triathlon, et planté un jardin de légumes japonais.

Autant de défis qu'elle se sentait pas capable de relever auparavant.

Alors, ne croyez pas que vous ne pourrez pas gagner une médaille d'or aux Jeux olympiques (ou n'importe quel autre objectif ambitieux qui vous tient vraiment à cœur) tant que vous n'aurez pas surmonté votre peur des araignées ou pris l'habitude de faire votre lit au carré tous les matins, car il se pourrait que ce soit l'inverse : vous ne pourrez surmonter votre arachnophobie ou votre désinvolture matinale que lorsque vous aurez décroché cette satanée médaille.

Les critères de qui ?

La quatrième erreur très courante que l'on commet lorsqu'on se dépite trop de ses défauts, c'est qu'on se juge avec les critères de quelqu'un d'autre. On est artiste, et on s'applique à soi-même les critères de réussite qui conviendraient à un comptable. On est dompteur de lions, et on se juge d'après les normes applicables à une femme au foyer.

Ou l'inverse.

Là encore, il s'agit d'un résidu d'enfance : on continue à se mesurer à l'aune de ses parents. Je vous donne tout de suite un exemple – personnel. Ma mère est bien organisée. Aucun détail de la vie quotidienne n'échappe à son œil vigilant. Ses papiers sont en ordre ; sa penderie aussi. Lorsqu'elle part dans un grand magasin, elle sait toujours précisément ce qu'elle y cherche. Lorsqu'elle part en voyage, elle programme son itinéraire avec soin. Comme c'est le cas pour la plupart des gens, ses critères de réussite lui correspondent : elle évalue la réussite et l'échec en fonction de ce qu'elle est.

Jusque-là, tout est logique...

Mais moi, qui ne suis pas elle, pourquoi m'obstinai-je à me juger selon ses valeurs ?

Ne faites pas comme moi : ne vous jugez pas avec les critères de quelqu'un d'autre.

Content de savoir

Et si, au lieu de s'en chagriner, il y avait moyen de tirer une certaine satisfaction de la conscience de ses défauts ?

La valeur d'un être humain se mesure moins à ce qu'il est à un moment donné, qu'à son évolution au fil du temps : un être bourré de qualités qui s'empire ou qui stagne vaut beaucoup moins qu'un être bourré de défauts qui s'améliore de jour en jour. Le premier se repose sur des lauriers de plus en plus imaginaires ; le second grimpe énergiquement l'échelle qui conduit de l'imperfection à la perfection.

Il ne pourra jamais atteindre son sommet, certes, mais peu importe puisque personne ne l'atteindra, cette échelle-là ayant toujours un échelon de plus.

Avoir conscience de ses défauts, c'est se faire une certaine idée de ce qu'on pourrait être, idée supérieure à la manière dont on se comporte en pratique. Et c'est précisément ce décalage qui nous pousse à nous améliorer : ceux qui se croient déjà parfaits font du surplace. Pour devenir meilleur il faut savoir qu'on n'a pas encore fait de son mieux. C'est en s'imaginant meilleur, en se voyant (avec les yeux de l'imagination) agir avec la douceur, l'honnêteté, le courage, la générosité, l'humilité, patin, couffin, dont on n'a pas encore fait preuve dans la réalité sur une base quotidienne, qu'on prend conscience de ses défauts, c'est-à-dire de ce qui nous sépare encore de cet idéal radieux.

Bref, la conscience de ses défauts est la voie royale qui mène à l'amélioration de soi. En tant que telle, on ne doit pas la fuir mais bien l'arpenter et l'aimer.

À retenir
- On prend souvent pour un trait de caractère inné et irrémédiable ce qui n'est qu'une mauvaise habitude.
- Mieux vaut être excellent dans un domaine, le sien, que pas trop mauvais dans cent.
- Personne ne vous tiendra rigueur d'être une tarte aux fraises complètement ratée, si vous êtes un chocolat liégeois

extraordinaire.

• Pour atteindre ses objectifs, nul besoin d'être parfait.

• L'amélioration de soi est une cause mais aussi une conséquence du succès. C'est parfois le bonus que l'on obtient lorsqu'on réalise l'un de ses rêves.

Conseils

▶ Faites la liste de vos qualités et relisez-la souvent.

▶ Renforcez vos points forts en vous perfectionnant et spécialisant davantage dans ce qui est déjà votre domaine de prédilection.

▶ N'adoptez pas les critères de réussite de quelqu'un d'autre.

▶ Améliorez-vous.

L'intelligence ?

Vous avez peut-être été déjà effleuré par l'ombre d'un doute troublant : et si les facultés cognitives étaient l'une des causes de la dépression ? Et si nous étions, et si vous étiez, trop intelligent pour jouir de la vie ?

D'après Pierre Desproges (1939-1988), humoriste acide à tendance dépressive, l'intelligence est « le seul outil qui permet à l'homme de mesurer l'étendue de son malheur. » En d'autres termes, plus on est intelligent, plus on souffre.

« Un important facteur de guérison »

Dans les années quarante, les psychiatres étaient tous d'accord : d'après eux, la première condition à remplir pour guérir leurs patients, c'était d'abîmer leur cerveau. À l'époque, le psychiatre américain Walter Freeman (1895-1972), fervent adepte de la lobotomie – 3500 à son actif, c'est-à-dire à son passif –, écrivait sans vergogne :

> « Un malade mental pense de façon plus claire et plus constructive lorsqu'une partie seulement de son cerveau fonctionne. »

Abraham Myerson (1881-1948), un autre psychiatre

américain connu, ne manquait pas de culot lui non plus :

> « Il est sans doute vrai que ces patients disposent, du moins pour le moment, de plus d'intelligence qu'il ne leur en faut et, ceci dit sans le moindre cynisme, je pense que la diminution de leur intelligence est un important facteur de guérison. »

On peut s'indigner – il y a de quoi – devant l'arrogance de ces déclarations et pourtant, ce point de vue obscurantiste n'est pas en voie de disparition, loin de là.

Vraie ou fausse, l'idée selon laquelle l'intelligence nuirait gravement au bonheur a de nombreux adeptes. *Trop intelligent pour être heureux ?*, livre au titre explicite, connaît actuellement un succès significatif.

Vilain « mental »

Beaucoup d'enseignants spirituels et de gourous vont dans le même sens. Ils affirment que l'incapacité à s'arrêter de penser est une épouvantable affliction. D'après eux, pour trouver la joie nous devrions mettre un terme à notre monologue intérieur.

L'enseignant spirituel Eckhart Tolle – l'une de mes références à l'époque où j'allais mal – enseigne à ses disciples que *le mental* est la source de tous nos maux, l'origine de tous nos problèmes. C'est le mental, dit-il, qui nous empêche d'accéder à l'instant présent, le mental qui nous emprisonne dans ses ruminations obsessionnelles, le mental qui nous garde sous le contrôle de l'Ego, le mental qui nous asphyxie sous ses jugements négatifs et ses préjugés...

Une analyse pertinente ?

À première vue, oui ; quand on examine la question sous toutes ses faces, non.

Comme le souligne un dicton bien connu, *qui veut noyer son chien, l'accuse de la rage.* Ajoutons une précision. Qui veut accuser son chien de la rage, commence souvent par changer son nom. Ce n'est plus *Médor*, c'est *le clébard que nous a refilé ta mère.* Après que le nom exact ait été remplacé par un sobriquet quelque peu injurieux, il devient facile de passer à la seconde étape, celle où l'on accuse la pauvre bête d'être enragée.

Eckhart Tolle ne parle jamais d'*intelligence*. Il parle toujours de *mental*, un terme abstrait et vaguement péjoratif qui ne donne pas une très bonne image de ce qu'il désigne. Ce *mental*, il l'accuse d'être la source de toutes les calamités dont souffre l'Humanité. Sobriquet et calomnie : on retrouve le même scénario que pour le toutou du dicton... Notre intelligence nous est plus utile encore que le plus fidèle des chiens fidèles, et pourtant, Eckhart Tolle nous incite à nous en débarrasser, comme Walter Freeman et Abraham Myerson !

N'est-il pas troublant, n'est-il pas paradoxal et quelque peu choquant, que les psychiatres friands de lobotomies et l'enseignant spirituel soient d'une certaine manière d'accord ? Les uns comme l'autre envisagent l'intelligence, ou *mental,* comme une cause de dépression et considèrent sa diminution (obtenue dans un cas par la lobotomie, dans l'autre par l'illumination) comme un important facteur de guérison...

Vous reconnaissez, sous une forme légèrement différente, le mythe de l'imbécile heureux ?

C'est encore lui, en effet. Vu par ses bourreaux, le lobotomisé est un imbécile heureux ; tel que le conçoit Eckhart Tolle, le grand Sage Illuminé, idéal qu'il offre en objectif à ses disciples, est *aussi* un imbécile heureux.

L'intelligence d'être heureux

En réalité, l'intelligence n'est pas le problème et ne l'a jamais été.

Pour s'en convaincre, il suffit de remplacer *mental* par ses synonymes. Est-on jamais encombré par un excès de *clairvoyance* et de *bon sens* ? Un excédent *d'entendement,* de *compréhension,* ou de *discernement* ? Un trop-plein de *lucidité,* de *pénétration,* de *raison,* de *sagesse,* de *comprenette* ou de *jugeote* ? Non, bien sûr que non... on n'est jamais trop intelligent.

Non seulement l'intelligence n'est pas le problème, mais elle est *une grande partie de la solution.*

Un roi mérovingien s'est fait enterrer quelque part avec ses pièces d'or. Pour localiser le site et déterrer le pactole, il va falloir cogiter. Une frégate a sombré quelque part avec ses coffres remplis de joyaux et de doublons d'Espagne. Pour repêcher sa précieuse cargaison, il faudra une bonne dose de réflexion. Et qui niera que le bonheur est un trésor ? Comme tout trésor, il est réservé à ceux qui le cherchent *intelligemment*.

C'est en se servant de son jugement qu'on obtient ce qu'on veut de la vie. Qu'on cherche et qu'on trouve ce qu'on n'a pas encore trouvé. Qu'on découvre sa vraie place dans l'univers. Qu'on aide les autres, et soi-même. Qu'on distingue le vrai du faux. Qu'on fait des bons choix. Qu'on sauve sa peau. Qu'on trouve la paix. Qu'on la garde quand on l'a trouvée.

Permettez-moi d'insister : pour sortir de dépression et se bâtir une vie heureuse, pour changer ses rêves en objectifs et ses objectifs en réalités concrètes et tangibles, il faut se servir de son intelligence.

De *toute* son intelligence.

De son bon sens.

De *tout* son bon sens.

De sa logique.

De *toute* sa logique.

Le témoignage suivant est extrêmement important :

> « Je suis heureux. Je n'irai pas jusqu'à dire que je suis sage, mais je ne suis pas devenu heureux par hasard. Ça a été un choix conscient. Dans notre culture, il y a cette croyance étrange que pour être heureux, il faut être un imbécile. Je ne sais pas comment ce mythe est apparu mais j'ai découvert que c'est le contraire qui est vrai. Il faut un esprit logique pour déterminer à quel moment un choix est impliqué dans nos émotions. Les circonstances de ma vie ne sont pas tout à fait telles que je les souhaite ; j'ai décidé de ne pas attendre qu'elles soient idéales pour ressentir de la joie. J'ai réalisé que je pouvais être heureux pendant que je créais la vie dont je rêvais. Je suis arrivé à la conclusion que si j'attendais que tout soit exactement comme je voulais, je risquais d'attendre longtemps. »

C'est vrai, il faut un esprit logique pour déterminer à quel moment un choix est impliqué dans nos émotions. Dans la poursuite du bonheur, votre « mental » (votre intelligence) est votre allié le plus précieux : ne laissez vos ennemis vous brouiller avec votre meilleur ami. Ne les laissez pas vous persuader que votre cerveau est une tumeur à opérer.

L'imbécile malheureux

De même qu'il est plus facile de se montrer morose qu'aimable, d'agir impulsivement que d'organiser son existence, de rester pauvre que de devenir riche, de macérer dans le jus de ses habitudes que d'améliorer sa manière de penser et d'agir, il est plus aisé (et donc plus accessible aux imbéciles) de rester malheureux que d'accéder au bonheur.

La grande différence entre l'imbécile et l'homme réfléchi, le sage, c'est que le premier stagne dans son mal-être, tandis que le second change sa stratégie et ainsi, ses résultats. On retrouve la même opposition entre l'imbécile de sexe féminin et la femme avisée : la première se laisser couler dans la dépression comme une pierre sans même remuer les bras, tandis que la seconde s'accroche à une planche, appelle à l'aide, et si personne ne vient, nage jusqu'à la rive.

Qu'il soit mâle ou femelle, l'imbécile reste malheureux, tandis que l'individu doué de raison et de jugement cherche et trouve le moyen d'amender son sort. Pas d'amélioration sans réflexion.

Besoin d'un plan

Tout comme la mauvaise humeur, la mauvaise santé et tout ce qui commence par « mauvais », la dépression n'a pas besoin de plan.

Personne ne se réveille un beau matin en se disant : « Aujourd'hui, je vais planifier mon malheur à venir. Je vais réfléchir à tous les moyens possibles de me rendre affreusement malheureux d'ici deux ans, puis je vais les mettre en pratique méthodiquement. Si je persévère, je suis sûr de devenir un dépressif majeur. »

Non, c'est beaucoup plus facile que cela. Pour déprimer, il suffit de ne rien vouloir de particulier de la vie, de se laisser ballotter par le courant à droite et à gauche ou d'obéir aveuglément à ses pulsions et ses envies.

Quand on ne fait rien contre, les mauvaises herbes envahissent le jardin. Les mauvaises pensées pullulent quand on ne s'emploie pas à les déraciner et à cultiver les bonnes. Tout ce qui va dans le sens du chaos, de la souffrance, de la mort et du manque est le résultat d'une activité (ou d'une inactivité) aveugle et impulsive, désorganisée. Pour succomber au malheur, il suffit de se laisser aller, de lâcher complètement prise.

La dépression n'a pas besoin de plan, mais il en faut un pour rejoindre le bonheur. Lorsque vous rencontrez quelqu'un à qui tout semble réussir – qui est content de vivre, qui a une vie de famille heureuse, un travail qui le passionne, une belle maison, etc. – vous pouvez être sûr que, pour en arriver là où il est, il a suivi un plan. S'il vous dit, de bonne foi, qu'il n'en a suivi aucun, c'est que pour une raison ou une autre il a intégré la stratégie gagnante dès son plus jeune âge et qu'il la suit naturellement, sans s'en rendre compte.

Vous voulez améliorer l'ambiance générale de votre vie ? Adoucir et éclaircir la couleur de l'arrière-fond ? Augmenter significativement le pourcentage de paix, de liberté, d'amour et de joie que contient votre existence ?

Alors il vous faut un plan.

Sans plan, vous n'obtiendrez pas ce que vous désirez ; sans plan, les rêves restent de simples rêves. Le conseil de John C. Maxwell, brillant conférencier et spécialiste du leadership, mériterait d'être calligraphié en lettres d'or : « Planifiez votre vie et vivez votre plan. »

Le sens du courant

Ce n'est pas facile, car le courant majoritaire tire dans l'autre sens – dans le sens de l'insouciance, du « Va comme je te pousse », du « Vivre au jour le jour », du « La vie est belle : profite ! », du « Après moi, le déluge », ou même « Après-demain, le déluge ».

Les idées qui circulent dans les médias valorisent l'irréflexion, la spontanéité, les pulsions, les sentiments irrationnels, l'instinct grégaire, bref, tout ce qui n'est pas l'intelligence, et tout ce que l'intelligence n'est pas.

Ces idées tendent à nous abrutir.

L'autre jour, un député indigné accusait le Président de la

République française de prendre les maires pour des imbéciles (ou des crétins, je ne sais plus). S'il était indigné, c'est qu'il sentait qu'il ne s'agissait pas d'un simple quiproquo, mais plutôt d'une stratégie : on prend les maires pour des imbéciles pour les *changer* en imbéciles. Le reste de la population pourrait en dire autant.

Pour goûter à la bonne vie, et d'une manière générale pour construire quelque chose d'un peu plus grand que soi, il faut prendre le chemin inverse.

Chemin peu fréquenté qui grimpe vers un air pur et des cimes alpestres.

Au niveau intellectuel on nous a habitués à ne rien exiger de nous-mêmes, on nous a éduqués pour que nous montrions à notre propre égard la même indulgence inépuisable qu'on réserve aux enfants, depuis qu'on les prend pour des crétins.

Ça a commencé dès l'école, avec l'absence totale d'exigence des professeurs à notre égard. Ils nous ont demandé de faire une fiche de lecture sur *Oui-Oui chez les Indiens*, ils nous ont fait comprendre que répondre à la question, c'était déjà d'une certaine façon répondre juste...

Mais maintenant, c'est dans l'autre sens qu'il faut tirer.

Car si vous réussissez à être un peu plus ferme et exigeant avec vous-même, la vie sera bien plus douce avec vous. Si vous semez davantage, vous récolterez aussi davantage. Alors respectez-vous, respectez votre intelligence. Faites usage de votre clairvoyance. Exigez davantage de vous-même. Davantage de rigueur, davantage de logique, davantage de vigilance.

Montez la barre.

En faisant ainsi, vous choisirez le chemin le moins fréquenté, mais aussi celui qui mène au plus beau panorama. La masse des touristes dévale la pente pour s'entasser sur les plages et cuire au soleil comme un barbecue de sardines mais vous, en montant, en grimpant vers les sommets, vous gagnez comme toute première récompense le respect de vous-même, et ce n'est que la première... Il y en a beaucoup d'autres. Plus vous vous servirez de votre jugeote, plus vous oserez penser par vous-même (de toute façon il n'y a pas d'autre manière de penser), plus vous aurez le courage de tirer les conséquences pratiques de ce que vous avez appris et compris, plus vous découvrirez et manifesterez votre valeur.

Inversement si vous ne réfléchissez pas à vous, à votre vie, si vous vous laissez porter par le courant, les traditions, les habitudes, si vous ne faites pas preuves de logique et de cohérence dans vos décisions et vos choix, personne ne le fera à votre place. On vous laissera barboter dans la souffrance émotionnelle et physique.

Personne ne vous aidera si vous ne vous aidez pas vous-même.

L'erreur

Mais au fait, d'où vient l'idée fausse que l'intelligence rend malheureux ?

Ce dogme pseudo-élitiste, mais en réalité populaire, doit bien avoir une origine.

Il est issue d'un constat que nous avons tous eu l'occasion de faire un jour ou l'autre : on peut se rendre littéralement malade – d'amertume, de tristesse, de colère – par ses cogitations.

Lorsqu'on est cerné par des questions sans réponses, aveuglé par des idées sans clarté, on a l'impression que ce sont nos facultés mentales, autrement dit notre intelligence, qui nous plonge dans l'abîme. De là à croire que réfléchir est intrinsèquement et inévitablement déprimant, il n'y a qu'un pas...

Beaucoup trop vite franchi.

Comme un caneton par l'eau, un enfant de trois ou quatre ans est attiré par les lettres. Au CP, les enfants sont tous impatients d'apprendre à lire. Inutile de leur énumérer les avantages de la lecture pour les motiver : ils désirent ardemment apprendre à lire. Ils veulent *comprendre*. Cette saine curiosité fait partie intégrante de la nature humaine. C'est pourquoi lorsque le cerveau d'un adulte fonctionne comme il est prévu qu'il fonctionne, il ne laisse pas son propriétaire vivre paisiblement dans l'ignorance... Ni même dans l'illusion.

Ce n'est pas le mental en lui-même, par lui-même, qui est un facteur de souffrance, mais l'insatisfaction que l'on ressent lorsque celui-ci ne trouve pas sa pitance. Il lui faut une alimentation naturelle, riche et variée, pas l'équivalent mental d'un repas au McDo.

Un anneau gastrique au cerveau

Pour éclaircir ce point, une petite comparaison peut être utile.

Supposons qu'Ambroisine soit légèrement barbouillée après avoir mangé des huîtres. À l'avenir, doit-elle se faire placer un anneau gastrique, ou simplement choisir ses fruits de mer avec plus de circonspection ?

Ou supposons que Théodule ait la tête qui tourne en raison d'un jeûne prolongé. Doit-il manger quelque chose – mais pas les même huîtres d'Ambroisine – pour se remettre d'aplomb, ou se faire placer lui aussi un anneau gastrique ?

L'option « anneau gastrique », c'est ce que proposent les psychiatres, les mystiques, les dealers et les alcooliers : une limite artificielle imposée à l'intelligence, intervention directe visant à resserrer l'étendue de la raison, amputer les facultés mentales, diminuer les capacités cognitives, atrophier le cerveau.

Bien sûr, ce n'est pas la solution.

Illusion et ignorance

Notre intelligence n'est pas à l'origine de nos sombres ruminations, mais bien plutôt les croyances erronées que nous lui présentons comme vraies ainsi que les informations véridiques que nous ne lui présentons *pas*.

L'intelligence est une pseudo-cause de dépression ; la véritable cause, ce sont les idées fausses auxquelles on s'accroche et le savoir qui nous manque : illusions et ignorance.

Nourrir son esprit avec des idées fausses et des croyances approximatives équivaut à se remplir l'estomac avec des huîtres d'une fraîcheur douteuse. Rester dans l'incertitude sur un point essentiel équivaut à prolonger exagérément un jeûne. L'illusion est une malnutrition ; l'ignorance, une sous-nutrition. Dans les deux cas la solution ne présente aucune ambiguïté : il faut nourrir son esprit... *mais pas avec n'importe quoi !*

Pour nous rendre tous les services qu'il est destiné à nous

rendre, notre jugement doit être soutenu par les informations dont il a besoin. Même Einstein avait besoin de faits et Napoléon, avec tout son génie stratégique, n'aurait jamais gagné de bataille s'il n'avait pas connu son ennemi, son objectif, et le terrain. Lorsqu'on se sent perdu, lorsqu'on est perdu, la solution n'est pas de jeter sa boussole, comme le prétendent les adeptes de la lobotomie et ceux de l'illumination, mais de consulter une bonne carte... Une carte précise et exacte.

Chercher pour trouver

Nous vivons à l'ère de l'information, mais cela ne signifie absolument pas que nous sommes automatiquement au courant de toutes les informations importantes que nous avons besoin de connaître.

Cela signifie seulement que, lorsqu'on sait se servir d'un ordinateur, qu'on dispose d'une connexion Internet illimitée, et qu'on pose à Google les bonnes questions, on peut trouver sur la toile quasiment toutes les informations dont on a besoin. Cela signifie aussi que pour se procurer quasiment n'importe quel livre, il suffit de quelques clics sur Amazon.

Mais encore faut-il cliquer, interroger Google, tirer parti des sites, blogs et ebooks disponibles, comparer les informations, et faire le tri entre le bon grain et l'ivraie en se servant de son bon sens...

En pleine ère de l'information, ceux qui ne le font pas vivent encore au Moyen-Âge. À cette époque, le commun des mortels ne savait pas lire. Les livres les plus largement diffusés l'étaient à une dizaine d'exemplaires recopiés à la main. Ces livres, des moines jaloux de leur savoir maigrelet les gardaient sous clef.

J'insiste : nous vivons à l'ère de l'information, mais cela ne signifie absolument pas que nous sommes automatiquement au courant de toutes les informations importantes que nous avons besoin de connaître.

À dire vrai, nous manquons tous de savoir. Les informations les plus utiles, les plus providentielles, ne nous sont pas encore parvenues, ou ne leur avons pas encore accordé l'attention qu'elles méritent.

C'est en tout cas ce qu'il faut supposer pour continuer à chercher, ce qui est le seul moyen de trouver.

« Si c'est vrai, je veux le savoir »

Vous avez peut-être déjà entendu cette petite phrase : « Si c'était vrai, ça se saurait ! »

C'est un pur sophisme.

La vérité est, dit-on parfois, cachée au fond d'un puits. Ceux qui se raccrochent à l'idée que « si c'était vrai, ça se saurait » passent auprès de ce puits en sirotant un Coca-Cola : leur organisme déshydraté aurait besoin d'eau fraîche, mais ils n'en ont pas conscience... Ils ne savent pas encore qu'ils ont soif.

Les « si c'était vrai » se croient en sécurité parce qu'ils voient et croient ce que « tout le monde » voit et croit, et strictement rien de plus. Sauf qu'une illusion ne se change pas en réalité par le nombre de ceux qui la partagent et que ce « tout le monde » n'est que leur groupe à eux, un groupe qui s'amenuise de jour en jour. La tribu asservie au médias, le clan de ceux qui croient aveuglément tout ce que leur télévision leur raconte, est de moins en moins nombreux.

« Si c'était vrai, ça se saurait » est la devise des faibles d'esprit, des cerveaux moutonniers et frileux qui n'osent pas se renseigner hors des clous. À la place, je vous propose : « Si c'est vrai, je veux le savoir ». Tout doute peut être éclairci. Toute question a une réponse. Toute incertitude, une certitude qui lui fait face et répond victorieusement à ses doutes.

Mais qui le découvre ?

Qui l'apprend ?

Qui le sait ?

Seuls les chercheurs.

Seuls les amoureux de la vérité.

À retenir

● Les imbéciles restent malheureux ; les autres cherchent et trouvent un moyen de ne plus l'être.

• Le respect de soi-même commence par le respect de son intelligence : au lieu de faire comme si on n'avait rien compris, on tire toutes les conséquences.

• À l'origine de la dépression se trouvent bien souvent des mensonges auxquels on croit et des vérités qu'on ignore.

Conseils

▶ Pour vous libérer de ce qui vous oppresse et réaliser vos rêves, commencez par faire, par écrit, un plan. Puis, passez à l'action.

▶ Ne vous contentez pas de raisonnements approximatifs et de pensées décousues ; exigez davantage de vous-même.

▶ Soyez curieux ; renseignez-vous ; cherchez partout les informations qui vous manquent. Elles sont là, tout près, et elles peuvent changer votre vie pour le mieux si vous les découvrez.

▶ Prenez pour devise : « Si c'est vrai, je veux le savoir ».

Lecture recommandée

☐ Tout livre qui élargit vos horizons.

IV. L'amour, le sexe, l'égoïsme et la haine

Dans cette partie, nous allons nous pencher sur quelques causes brûlantes de dépression. Des causes qui touchent à nos émotions et pulsions nos plus basiques. Le but n'est pas de jeter de l'eau sur ces volcans mais d'apprendre à pressentir les éruptions pour évacuer la zone. En d'autres termes, à comprendre pour se protéger.

Le manque de sexe

Peut-on considérer le manque de sexe comme une authentique cause de dépression ?

Ce qui est sûr, c'est que publicités, films, télévision, magazines, et autres médias, donnent une image exagérée du sexe.

Je ne veux pas dire par là que le sexe est quelque chose de déplaisant – d'ailleurs si je le disais personne ne me croirait –, mais le sexe, ce n'est pas la plage, le soleil, le sourire, la beauté, la sérénité. Or, si l'on se fiait aux images dont on nous bombarde, on croirait bien que le sexe c'est tout cela, et plus encore.

On nous présente par exemple une très jeune femme à moitié nue, aux seins magnifiques, au visage candide, qui rit aux éclats. Autrement dit, on nous présente sous une forme visuelle l'équation suivante : *Sexe* (à moitié nue, seins) = *joie* (qui rit aux éclats) + *innocence* (très jeune, au visage candide) + *beauté* (la jeune femme est splendide).

Ou encore, on nous balance dans les mirettes une femme aux fesses bombées et parfaites soulignées par un string absolument pas suggestif puisqu'il montre tout, qui avance vers une piscine étincelante. C'est l'été, il fait chaud, etc. Et hop, une équation de plus : *Sexe* = *vacances* + *argent* (il en faut pour se payer une piscine) + *beauté*.

Notre monde idéalise le sexe en le présentant comme un passeport non seulement pour l'orgasme, mais pour tout le reste : beauté, jeunesse, joie de vivre, confiance en soi, épanouissement personnel et professionnel, richesse…

Si un extra-terrestre débarquait sur la planète terre, et qu'il n'avait comme source d'information que les médias, il ne pourrait jamais croire qu'il y a des gens pauvres, ou pas beaux, ou pas jeunes, ou qui travaillent... qui ont *quand même* des relations sexuelles !

D'ailleurs c'est tellement peu évident, même pour les terriens de souche, qu'une auteure, Pascale Clark, a éprouvé le besoin d'intituler l'un de ces livres *Tout le monde fait l'amour* (2001). Manière de dire que malgré ce qu'on pourrait croire, le sexe n'est pas réservé aux V.I.P. (Very Important Person) et aux S.B. (Super Beaux).

Du coup lorsqu'on n'a pas goûté au sexe, ou très peu, on est enclin à se fier aux équations des médias. À un niveau subconscient, on s'imagine que si on avait plus de sexe, on aurait aussi plus de beauté, d'argent, de gaieté, de sérénité, de jeunesse, et tout le toutim.

Par ailleurs, les médias cultivent l'idée qu'il y a un âge idéal auquel il serait bon de se livrer à une activité sexuelle intense, pour ne pas dire intensive. Sous leur influence, on peut voir comme une perte sèche le fait de ne pas mettre son corps à contribution érotique et regretter de ne pas rentabiliser ce capital-corps que le temps érode inexorablement...

Mais ceux et celles qui se précipitent dans des aventures sans lendemain découvrent que les coups d'un soir ne font pas le bonheur (sauf celui de James Bond dans les films dont il est le héros) et qu'on y récolte moins de souvenirs inoubliables que d'humiliations et de maladies sexuellement transmissibles.

À retenir
- Le sexe n'est pas tout ce à quoi on l'associe ; le sexe n'est que le sexe.
- Tout le monde fait l'amour, même ceux qui n'ont pas le profil.

Conseil
▶ Ne vous ruez pas tête baissée dans ces aventures qu'on dit « sans lendemain » car il y a toujours un lendemain – et parfois, une gueule de bois.

Le manque d'amour

Peut-être que vous rêvez de rencontrer l'amour. Peut-être que vous vous imaginez que lorsque vous l'aurez trouvé, ce sera la fin de toute souffrance et le début d'un bonheur sans nuage.

« Lorsque j'aurai rencontré mon âme sœur, lorsque je serai en couple, l'univers, mon univers, trouvera enfin son équilibre. Le soleil se mettra à se lever à l'est, et les planètes à tourner dans le bon sens. Chaque chose comme chacun trouvera enfin sa juste place... »

C'est ainsi que beaucoup de femmes romantiques (et aussi beaucoup hommes) passent des années à se morfondre dans l'attente de l'être tant désiré... Mais en se focalisant ainsi sur l'extérieur, elles oublient de se demander : et moi, qui serai-je pour mon prince ?

Une princesse, ou une grenouille ?

Un peu d'introspection s'impose, car les couples mixtes prince-grenouille ne sont pas durables. Les princes finissent par se lasser de patauger dans les marécages. Quant aux grenouilles, elles ne supportent pas longtemps l'éclat et les responsabilités de la vie princière. À moins d'être déjà soi-même une princesse charmante, attendre passivement que le prince arrive est une stratégie de perdante.

Lorsqu'on espère un prince, il faut se préparer.

Pas attendre : se préparer.

Vous voyez la différence ?

Attendre, c'est ne rien faire. Se préparer, c'est agir.

Quelles sont les qualités du Prince Charmant dont vous rêvez, chère lectrice célibataire ?

S'il est gentil, apprenez à être gentille ; s'il est généreux, apprenez à donner ; s'il est souriant, souriez. Et patin-couffin. Le meilleur moyen d'attirer à soi et de garder un partenaire serviable, aimant, sensible et optimiste, c'est d'être soi-même serviable, aimant, sensible et optimiste. Inversement, lorsqu'on collectionne les traits de caractère déplaisants, on ne doit pas s'attendre à attirer un petit saint. Et si malgré tout on l'attire, on le perd.

Bref, votre prince viendra... quand vous vous serez métamorphosée vous-même en princesse.

Bien sûr, l'inverse est aussi vrai : vous trouverez une princesse quand vous en mériterez une, cher lecteur célibataire. Seul un prince est digne d'une princesse.

Obnubilé par l'amour, on a tendance à le chercher sans chercher en même temps ce qui rend sa durée possible. L'amour est un rosier qui embaume tout ce qui l'entoure, mais quand on n'a pas de terre où le planter, son parfum suave est éphémère. Les fleurs sans racines se fanent vite. Pour que le rosier survive et prospère, il est nécessaire de développer toutes les qualités morales (honnêteté, gentillesse, douceur, sens des responsabilités) qui constituent la terre fertile où il poussera ses racines.

J'ai rencontré l'homme de ma vie, mais j'aurais pu refuser son amour, j'aurais pu le perdre, et je pourrais encore le perdre, si je n'avais pas accepté, et si je n'acceptais pas encore et encore de faire des efforts, de changer, d'améliorer mon attitude, de sacrifier une partie de mon égoïsme à l'amour, un bout de ma paresse à la tendresse, une part de mon agressivité à la paix.

Le véritable amour (le beau, le durable) ne prend place et sens que dans une existence nettoyée.

Impatient ?

Vous êtes un prince ou une princesse, et vous êtes pressé de rencontrer votre moitié ? Vous êtes prêt, et vous ne voyez vraiment pas ce qu'il ou elle attend ? Vous vous désespérez de son absence ?

Faites un peu confiance au destin.

Armez-vous de patience.

La vie a sa sagesse propre, son timing incompréhensible quand on le vit, mais soigneusement calculé. Les choses arrivent à leur heure, ni plus tôt ni plus tard. Comme le dit très justement David G. Allen, « la patience c'est d'accepter que les choses arrivent dans un ordre différent de celui qu'on espérait. » D'ailleurs ce délai vise peut-être à vous faire apprécier votre âme sœur à sa juste valeur : quand elle sera là, vous ne prendrez pas sa présence pour un dû et ainsi, vous ne la traiterez pas avec la désinvolture qui conduit tant de couples au divorce. En attendant, ayez foi en l'avenir. Vous avez de la chance, puisque le meilleur est devant vous.

Une erreur de calcul

Par ailleurs, je tiens à souligner que si vous avez vingt-deux ans, vous n'êtes pas célibataire depuis vingt-deux ans. Je le précise, parce que certaines personnes considèrent que leur célibat a commencé le jour de leur naissance. Mais à l'âge de cinq ans, vous n'étiez pas célibataire, même si vous n'étiez pas en couple.

Si vous devez fixer un commencement à votre célibat, fixez-le plutôt à vingt ans : avant cet âge, les couples stables sont rarissimes. Si donc vous avez vingt-deux ans, et que vous êtes célibataire, vous pouvez considérer que vous l'êtes depuis deux ans. Cette manière de calculer est plus réaliste et rassurante que l'autre.

À retenir

● Les couples mixtes prince-grenouille et princesse-crapaud ne durent pas.

Conseil

▶ Améliorez-vous pour devenir digne de votre âme sœur : elle vous rendra heureux (ou heureuse) ; faites en sorte que vous aussi, vous la rendiez heureuse.

La rupture amoureuse

On l'aime plus que tout, on lui a confié notre cœur, et il ou elle nous quitte.

Une expérience épouvantable.

Une cause majeure de dépression.

Ceux qui prétendent qu'« un(e) de perdu, dix de retrouvés » ne savent pas ce qu'ils racontent. On n'en veut pas dix, on en veut un(e)... celui ou celle qu'on a perdu.

Dans ce chapitre, je ne m'adresse pas à vous, lecteur heureux en ménage, mais à cet autre lecteur qui est actuellement sous le coup d'un grand chagrin d'amour.

Changement de perspective

Vous avez l'impression que vous avez perdu l'homme ou la femme de votre vie ?

Que vous ne pourrez jamais aimer et être aimé comme vous l'avez aimé, comme il ou elle vous a aimé ?

Vous pensez que si ce n'est pas lui ou elle... la vie n'est qu'un douloureux chaos de ténèbres qui ne vaut pas la peine d'être vécu ?

Vous n'avez pas fait le tour du problème.

Qui sait si ce grand amour qui vous déchire n'est pas, en réalité, le pâle brouillon, voire le négatif, d'un amour beaucoup plus grand et beaucoup plus beau qui vous attend ?

J'ai été consumée pendant quatre ans par une passion dévorante pour un homme que je considérais comme l'homme de ma vie en même temps que l'homme de mes rêves. Il était seulement l'homme de mes rêves, et mes rêves manquaient singulièrement d'envergure.

Aujourd'hui, je lui suis très reconnaissante de ne pas avoir voulu de moi... En me repoussant, il m'a brisé le cœur, c'est vrai. Mais le grand chagrin, la grande souffrance qui m'a mise par terre ont été le point de départ d'une nouvelle vie.

Si vous n'êtes plus avec « l'homme [ou la femme] de votre vie », c'est peut-être que ce n'est pas lui, ou elle. Votre vie est faite de vos jours, elle n'est pas faite de vos rêves. Comment pouvez-vous être sûr qu'il n'y a pas, quelque part, votre véritable âme sœur qui vous attend et vous espère ?

Après mon pseudo-grand amour, après mon terrible chagrin, j'ai rencontré l'homme de ma vie... le vrai.

Votre chagrin d'amour actuel ne sonne pas le glas de votre existence, il met seulement un point final à l'un de ses chapitres. Cette souffrance ne met pas fin à votre être, mais à une partie de votre être. Et qui sait si cette partie est la meilleure... ou la pire ? C'est dur, mais ce n'est pas la fin du monde, même si c'est peut-être la fin d'un monde. Faites seulement le deuil de vos illusions, de l'avenir que vous aviez imaginé : la vie, c'est ce qui arrive lorsqu'on avait prévu autre chose.

Peut-être que le véritable amour, celui qui est tendresse, confiance, partage, celui qui nourrit l'âme et le corps, vous est encore inconnu...

Peut-être que ce que vous avez perdu est d'une qualité bien inférieure à ce qui vous attend.

Peut-être que le vrai grand amour est situé quelque part dans votre futur.

Peut-être que votre cœur brisé va se réparer lui-même, comme un tissu qui cicatrise, un os qui se ressoude. Peut-être que la graine d'un plus bel amour germe déjà invisiblement dans votre cœur et dans le cœur de cet inconnu-e qui vous espère - votre allié-e, votre meilleur-e ami-e, votre âme sœur.

Et quand vous l'aurez rencontré-e, quand vous serez en couple avec lui ou elle, vous repenserez à votre chagrin de naguère, c'est-à-dire à votre chagrin d'aujourd'hui, vous aurez pitié de vous-même, et vous serez reconnaissant.

Marche à suivre

Logiquement et d'après mon expérience, voici ce qui est utile pour se sortir d'un chagrin d'amour : *rassembler tous les souvenirs les plus chéris que l'on a de l'être aimé et les jeter à la poubelle.*

Ça vous paraît vraiment très radical ?

Pour ma part, il m'a fallu des années avant de m'y décider, mais en faisant un tel geste, c'est un nœud gordien que l'on tranche et une énorme quantité d'énergie que l'on libère. Les bonnes rencontres ne deviennent possibles qu'après un grand ménage de printemps, qui peut d'ailleurs être exécuté en n'importe quelle saison.

Vous ne voyez peut-être pas le rapport... ou peut-être que vous ne le voyez que trop bien... mais c'est en jetant tous les objets qui avivent le souvenir chéri de l'être aimé, trop aimé, que l'on coupe véritablement le lien de souffrance qui nous unit encore non à lui – ça, s'est fini – mais à l'illusion qu'en le perdant, nous avons perdu l'essentiel.

Un chagrin d'amour, c'est un amour qui s'est changé en vinaigre, un litre de lait qui a tourné, une belle pomme qui est restée trop longtemps dans le frigo : si vous mangez ce qu'il en reste, vous allez vous empoisonner.

Sortir d'un chagrin d'amour, c'est tout simplement se faire passer soi-même avant non pas l'amour de l'autre (il n'est plus là et il s'en fiche) mais une idée, un souvenir, un simple rêve. Donner la priorité à soi-même plutôt qu'à de doux et perfides mensonges.

Ce n'est pas à l'amour que vous renoncez en jetant tous les objets qui vous rappellent cette relation défunte, mais à la nostalgie mortifère, aux « Ah, si seulement... », bref, à des illusions.

Quand on reste à distance de la réalité présente, qu'on s'enferme dans un passé idéalisé et un futur rêvé, le temps ne s'en écoule pas moins. Et la vie passe, les rides se tracent, alors qu'on n'est même pas là. Un chagrin d'amour est une transe hypnotique qui peut durer des années : on est dans un autre monde. Un pur fantasme.

Et le jour où l'on sort de cette transe, où l'on se réveille et reprend pied dans la réalité, on découvre avec un certain désarroi que tous ces mois, toutes ces années parfois, à regretter et à rêver, ont été du temps perdu.

Du temps... Vous vous rendez compte ?

Le temps dont vous disposez est votre vie. Les deux se confondent.

Voulez-vous laisser non pas l'amour, mais une illusion d'amour (car un souvenir n'est, au fond, rien de plus qu'une illusion) vous dépouiller de ce que vous avez de plus précieux – de votre vie ?

Voulez-vous soupirer mélodieusement en héros ou héroïne romantique tandis que juste à côté, les autres *vivent* ?

Quand je repense à tout ce que j'aurais pu faire, si seulement j'avais accepté que ce qui n'est plus, n'est plus... Mais je voulais souffrir pour rien, souffrir pour un amour qui n'existait plus. Je voulais incarner une fidélité surnaturelle et du coup, je n'incarnais rien, même pas mon corps.

Ce cœur, votre cœur, voulez-vous l'asphyxier, le condamner à mourir, sous prétexte qu'il a été meurtri ?

Le chagrin d'amour est une fuite loin de la réalité et de ses chances. L'homme ou la femme qui non seulement pourrait vous rendre heureux, mais que vous pourriez rendre heureux, est peut-être votre voisin. Mais vous ne le saurez pas tant que vous vous cramponnerez à l'illusion que souffrir va changer quelque chose à votre sort.

On ne négocie pas avec le destin. Pleurer, se désespérer, déclamer « Pourquoi ? Pourquoi ?! », regretter ce qui aurait pu être (sauf que si ça avait dû être, ce serait) n'a jamais convaincu la vie de nous donner ce que nous voulons. C'est même le contraire : plus on s'accroche, plus on est privé ; plus on se cramponne, plus on manque.

On ne peut rien recevoir tant qu'on garde les mains crispées.

Par contre, dès qu'on les ouvre, dès qu'on accepte ce qui est, dès qu'on comprend que les choses sont telles qu'elles doivent être, puisqu'elles sont ainsi, vous sentez aussitôt une brise fraîche et pure, un courant d'air métaphysique, vous balayer le corps et l'âme...

Brusquement, le rouage qui tournait dans le vide s'enclenche avec un autre, vous refaites partie de la vie et du monde, vous êtes à nouveau vivant sous un soleil chaleureux, un ciel si vaste et si beau qu'il mériterait d'être contemplé en extase pendant des heures, vous êtes à nouveau un fils ou fille de..., un ami de..., et voilà que vous rencontrez un homme (ou une femme) merveilleux – si merveilleux qu'il n'y a aucune comparaison possible, et que le passé s'efface comme un mauvais rêve.

Et en effet, c'était un mauvais rêve : un chagrin d'amour n'est que la pointe aiguisée, plantée dans un cœur qui saigne, d'un iceberg d'illusions.

Illusion que quelqu'un a su nous aimer de la meilleure des manières – alors que la meilleure des manières, c'est celle qui dure, celle qui résiste au temps et à l'usure, celle qui est tendre et patiente.

Illusion que quelqu'un pourra réparer à notre place ce que notre enfance a brisé – alors que nous seuls avons le pouvoir d'explorer et soigner nos blessures.

Illusion que nous avons besoin de cette personne-là – alors que si nous avions véritablement besoin d'elle, elle serait là.

Illusion que le problème et la solution sont au-dehors – alors que le problème est en nous, et que la solution y sera aussi, quand nous l'aurons trouvée.

Illusion que cette (piètre) relation est insurpassable – alors qu'il suffirait que nous nous améliorions un peu nous-mêmes pour devenir capable d'un amour mille fois plus beau, plus fort, plus paisible et plus réel, avec quelqu'un de mille fois plus beau, plus aimant et plus authentique.

L'amour malsain

L'amour malsain est une cause connue et évidente de dépression.

Il y a en effet deux types de sentiment amoureux : l'amour-nourriture et l'amour-drogue.

L'amour-nourriture est vécu au quotidien ; il est tissé de paroles et de gestes – dont ceux, tout à fait humbles, par lesquels on fait le lit, la cuisine, la vaisselle... L'amour-nourriture est un partage : partage de repas, de tâches, de rires, de discussions, de projets, d'efforts. Il est souriant, tolérant, patient, doux et tendre.

L'amour-nourriture permet de développer confiance en soi et force intérieure. Sous l'influence bienfaisante de cet amour, on peut déplier un à un les pétales de sa personnalité réelle, à l'image d'un tournesol qui s'ouvre progressivement à la lumière du soleil.

Hormis le début de son nom, l'amour-drogue ne présente aucune espèce de ressemblance avec l'amour-nourriture. C'est un sentiment d'une nature radicalement différente... un sentiment hautement toxique.

Au tout début, l'amour-drogue est absolument délicieux : sa saveur est irrésistible. Si irrésistible qu'on en devient aussitôt dépendant. L'Autre, l'aimé-e, est comme une dose de cocaïne dont on a besoin, mais qui ne nous satisfait jamais, et dont chaque piqûre aggrave le manque en feignant de le combler. Cet amour entraîne dans une spirale infernale. Au fond du trou (mais en réalité ce trou n'a pas de fond) on se sent nul, pitoyable, à supplier silencieusement ou bruyamment l'autre de nous aimer encore un peu, un tout petit peu…

Prenons l'exemple de Léontine.

La folle passion de Léontine

Léontine a rencontré Eugène par Internet ou autrement.

Il est tout de suite tombé sur son charme, et l'a couverte de compliments et de déclarations passionnées qui lui ont fait plaisir… d'autant plus plaisir que suite à une enfance difficile (une mère alcoolique et un père méprisant qui la dévalorisait sans cesse), Léontine doute beaucoup d'elle-même ; elle n'a aucune confiance en son charme.

Puis, ça a été la passion : pendant un long mois intense, Léontine et Eugène se sont aimés à la folie.

Avec le temps, l'amour de Léontine pour Eugène a augmenté, tandis que celui de Eugène pour Léontine a diminué. Léontine s'est montrée, du point de vue d'Eugène, « collante » – c'est-à-dire qu'elle lui a montré, parce que c'était vraiment plus fort qu'elle, à quel point elle avait besoin de lui.

Eugène en a eu assez et a quitté Léontine.

Elle a tout fait pour le faire revenir, même de la magie noire, et pour finir, à force de s'enfoncer dans le désespoir en écoutant le même morceau de musique désespérée en boucle pendant des heures, elle a tenté de mettre fin à ses jours.

Heureusement elle a survécu.

Miroir aux alouettes

Ce genre d'histoire est, hélas, banal.

Qu'est-ce qui explique que Léontine se soit retrouvée au bout du rouleau ?

Quelle est la véritable cause ?

On peut bien sûr blâmer Eugène – effectivement c'est un sale type –, mais si on lui met tout sur le dos, il n'y a plus aucun moyen que Léontine s'en sorte…

Pour comprendre de quoi il s'agit, il faut revenir au début de l'histoire.

Léontine ne s'est jamais aimée ; elle a une piètre opinion d'elle-même. Alors bien sûr, le jour où un homme la couvre de flatteries, de compliments, et semble voir en elle la femme qu'elle a toujours rêvé d'être sans jamais parvenir à y croire, elle succombe complètement. Ce qu'elle aime, c'est Eugène, mais aussi l'image merveilleuse qu'il lui renvoie d'elle-même.

Il y a là un effet très pervers de faux miroir.

Délibérément ou non, Eugène a tendu à Léontine un portrait très idéalisé d'elle en lui disant : « Regarde… c'est toi… c'est bien toi… » Pour la première fois de sa vie, Léontine s'est sentie comprise et appréciée. Appréciée, parce que l'image est belle ; comprise, parce que l'image dans le pseudo-miroir ressemble à son idéal d'elle-même.

Mais ce prétendu reflet n'est qu'un mensonge, et à ce mensonge, Léontine devient très vite dépendante. À l'amour réel qu'elle éprouve pour Eugène et qu'éprouve Eugène pour elle se mêle cette illusion : Léontine vue par Eugène.

Lorsque Eugène cesse d'aimer Léontine, c'est comme si brusquement il lui retirait de sous le nez le miroir où elle se voyait belle et radieuse pour lui en tendre un autre, où elle ne voit plus qu'un *pot de colle*, une *pleurnicheuse*, une *enquiquineuse*, etc.

Ce changement brutal génère une souffrance insoutenable pour l'ego de Léontine. Une blessure infiniment douloureuse. Eugène lui semble maintenant beaucoup plus qu'un être humain ordinaire, et devient le pivot de son existence. Par son attitude envers elle, il peut lui procurer une sensation d'euphorie comme la plonger dans le désespoir le plus noir. S'il l'aime, elle est au paradis ; s'il ne l'aime pas, elle plonge en enfer. Pour Léontine, Eugène est devenu une idole à vénérer et à craindre.

Le premier problème, c'est l'image que Léontine a d'elle-même.

Si, dès le départ, elle avait su très clairement qui elle est, elle ne se serait pas laissé leurrer par le miroir aux alouettes des flatteries d'Eugène. Elle se serait plutôt ressouvenue que « tout flatteur vit aux dépens de celui qui l'écoute », comme le dit le renard narquois au corbeau « honteux et confus » d'avoir été dupé, dans une célèbre fable de La Fontaine.

Eugène aurait-il été aussi enthousiaste s'il n'avait pas eu l'espoir qu'elle le regarde avec de grands yeux pleins d'étoiles ?

Ou, plus trivialement encore, s'il n'avait pas eu l'espoir de coucher avec elle ?

Les compliments qu'elle a pris pour l'expression pure et désintéressée de sa sincérité n'étaient peut-être que la première partie d'un troc : derrière l'admiration se cachait le donnant-donnant. Ces compliments fleuris qu'Eugène a jetés à la tête de Léontine au tout début de leur idylle étaient autant d'appâts. Ils les lui a lancé dans l'espoir qu'elle se prenne à l'hameçon.

L'autre problème, c'est que sans le décider consciemment, Léontine a pris un être humain ordinaire, et même très ordinaire, pour idole, ce qui est aussi imprudent que de prendre un chimpanzé pour chef ou une girouette pour guide. Elle a construit la maison de son amour sur des sables mouvants et pris comme appui ce qui n'a aucune stabilité, aucune solidité. Un peu comme quelqu'un qui prendrait comme bâton de montagne un spaghetti géant : dès qu'il s'y appuie un peu, le spaghetti casse et le montagnard dégringole dans le ravin…

À retenir

- L'amour-drogue est, souvent, la conséquence indirecte d'une méconnaissance de soi et d'une méconnaissance de l'autre : on ne sait pas qui l'on est ; on le prend pour quelqu'un d'autre.
- Quand on érige un être humain très ordinaire en idole, un jour ou l'autre l'idole vacille, bascule et s'écrase... sur notre tête.

Conseils

► L'amour-nourriture n'est pas un mythe ; si vous ne l'avez pas encore trouvé cherchez-le, tôt ou tard vous le trouverez.

► Documentez-vous sur la dépendance affective.

La méchanceté des méchants

On ne parle plus des méchants, sauf à propos des contes pour enfants et des films à gros budgets. Mais ils n'ont pas disparu. Ils existent et ils font du mal : tel est leur destin de méchant.

Les ouvrages consacrés à la dépression en parlent peu, ou n'en parlent pas du tout, et pourtant cette cause-là n'a rien de rare. Examinons-la, autrement dit, examinons-les.

Anthropophage et premier de cordée

Personne n'aime se sentir faible, mais tout le monde n'a pas recours aux mêmes stratégies pour se sentir forts.

Certains croient qu'écraser les autres, les agresser, les humilier, les détruire psychologiquement, est le meilleur moyen de devenir puissant.

D'autres pensent que lutter contre soi-même et contre les obstacles, agir malgré la peur, le découragement, l'inertie et la fatigue, discipliner son esprit, s'aider soi-même et aider les autres, est le meilleur moyen de devenir puissant.

La première méthode est le fruit d'une mentalité gagnant/perdant... une mentalité d'anthropophage. Les anthropophages mangent (ou mangeaient, si on arrive à se persuader qu'il n'y en a plus) la chair de leurs ennemis. Ils croient qu'ainsi, ils s'approprient leurs forces.

La seconde méthode est le fruit d'une mentalité gagnant/gagnant... une mentalité de premier de cordée. Un premier de cordée ne pense pas que si l'un des membres du groupe tombe dans le gouffre, il arrivera plus vite au sommet. Au contraire : il sait que si l'un des encordés tombe, il y a de fortes chances pour que tout le monde tombe, y compris lui. Le premier de cordée veut la réussite et la sécurité pour tous les membres de son équipe ; il a en tête l'intérêt de tous.

Vous ne serez pas étonné d'apprendre que les méchants ont une mentalité d'anthropophage.

Pas fait exprès ?

Il est rare qu'un méchant dise ouvertement au gentil qu'il veut écraser sous ses talons : « Tu ne vaux rien, tes choix sont nuls, ta vie est nulle, et je suis mille fois mieux que tu ne l'es. » Il n'est pas moins rare qu'un méchant du genre manipulateur ajoute : « Mais ne t'inquiète pas, car j'ai la solution : deviens ma chose, sois ma marionnette, et je tirerai tes ficelles jusqu'au succès. » La plupart du temps le méchant fait passer le message indirectement, il le sous-entend d'une manière plus ou moins subtile.

Les méchants font d'autant plus de mal qu'on ne les reconnaît pas pour tels, qu'on les prend pour des personnes normales ou même bienveillantes. La première étape pour se protéger d'un méchant, c'est de prendre conscience qu'il en est un. S'il y a un méchant dans votre entourage, il est vital que vous le sachiez.

En prendre conscience n'est pas toujours facile.

Si elle est un tant soit peu naïve, la victime se dit que le méchant ne l'a « pas fait exprès », qu'il ne se rend pas vraiment compte. Elle lui trouve toutes sortes d'excuses : « C'est de la maladresse... ça part d'un bon sentiment... Il ne le pense pas vraiment. » Parfois aussi, la victime culpabilise : elle pense qu'elle qui a tort de se sentir blessée. Mais autant regarder les choses en face : le méchant l'a fait exprès.

Le méchant le fait *toujours* exprès.

Quand il humilie sa victime, c'est parce qu'il le *veut*. Le méchant n'est pas un imbécile. Ses capacités mentales sont intactes ; il se rend parfaitement compte de ce qu'il fait. Lorsqu'il se montre cruel, blessant, condescendant, sadique, ironique et destructeur, il le sait, exactement comme vous le sauriez si vous faisiez comme lui.

Un méchant en action

Pour   atteindre   leurs   objectifs,   les   méchants   ont d'innombrables stratégies ; impossible de les examiner toutes ici. En voici seulement une.

Acte I : dans un premier temps, le méchant est tout sourire. Et si serviable ! C'est son dévouement qui est étonnant... sa capacité à donner. Vous acceptez son dévouement et ses dons, sans vous douter que vous n'en êtes qu'au premier acte, et que ce soi-disant altruisme est la première partie d'une grosse arnaque.

Acte II : le temps de payer arrive. Vous croyiez que ses cadeaux étaient gratuits ? Détrompez-vous. Le méchant vous a généreusement aidé ; il a donc maintenant un *droit* sur vous. Le droit de quoi ?

De vous humilier.

C'est ce qu'il cherche depuis le départ. Sans le savoir, vous avez passé un marché de dupe, un peu de pseudo-amour ou de pseudo-aide en échange de votre dignité, votre capital le plus précieux.

Et voilà qu'il se met à la grignoter...

Ça commence doucement. Une petite remarque en passant. Une plaisanterie.

Vous vous rebiffez ?

Le méchant réplique : « Mais... tu n'as donc *aucun sens de l'humour* ? » Sous-titres : « Après tout ce que j'ai fait pour toi... le minimum est bien que tu acceptes mes petites piques. La reconnaissance, tu connais ? »

Ça continue – un peu plus fort. Il vous imite, et c'est censé être drôle. Vous avez compris le message, vous serrez les dents en souriant.

Très bien ! Excellent ! Maintenant il peut y aller plus fort : « X m'a dit qu'Y pense que tu es trop susceptible. »

Ce n'est pas lui qui le dit. C'est Y qui l'a dit à X. Si vous êtes naïf, vous le croyez ; vous croyez qu'Y a dit réellement cela à X. En réalité, tout sort de l'imagination du méchant. Et dans le cas bien improbable où Y l'a dit à X, c'est parce que le méchant le lui a d'abord suggéré.

À ce stade, vous ne supportez plus le méchant. Il vous sort par les yeux. Mais vous ne savez pas pourquoi. Vous sentez que vous êtes en train de vous faire avoir... mais vous ne savez pas comment. Vous n'arrivez pas à vous fier à votre intuition, qui n'est étayée par aucune preuve.

Si vous ne coupez pas la relation, le méchant continuera. De plus en plus fort.

Il vous insultera directement, et ce ne sera même plus censé être de l'humour. Juste un constat. Il vous accolera des surnoms « affectueux » que vous détesterez. Des diminutifs qui témoigneront de son « amitié » à votre égard, et surtout de votre propre ridicule. Il vous expliquera que vous n'êtes rien et qu'il est tout. Ou s'il ne vous l'explique pas, il le sous-entendra si fort que vous serez bien obligé de capter le message. Pour finir, si vous ne comprenez pas son manège et que vous le laissez durer, vous deviendrez un petit être ratatiné à l'intérieur.

Vous perdrez toute confiance en vous.

Vous fuirez dans des rêves la triste réalité que le méchant vous fait vivre.

Vous serez dégoûté de la vie et des gens – supposant à tort qu'ils sont tous plus ou moins semblables à votre bourreau.

Vous pleurerez souvent sur l'épaule de votre méchant, qui vous consolera à sa manière. Après, vous vous sentirez encore plus mal.

Vous vous demanderez : « Comment se fait-il que je me sente si faible ? Comment se fait-il que je n'arrive pas à me faire respecter, à me faire écouter ? » La raison en est simple : vous vous laissez manger.

Tant que vous laisserez un méchant vous cannibaliser, votre force se transfusera à lui, vous laissant démuni et vulnérable. Un seul méchant peut vous mettre sur les genoux, peut vous faire mordre la poussière. Il suffit pour cela de le laisser faire. Et pour le laisser faire, il suffit de ne pas comprendre ce qu'il fait.

Mon conseil : si quelqu'un veut à tout prix vous aider et vous faire des cadeaux alors que vous ne lui avez rien demandé, et que ses dons vous mettent légèrement mal à l'aise, attention. Si vraiment il n'attend rien en retour, pourquoi insiste-t-il autant ? Ne passez pas un marché de dupe ; décidez dès maintenant que votre dignité n'est pas à vendre.

Les trois stratégies

Comment se protéger contre un méchant ?
Vous avez le choix entre :
- La stratégie du premier ministre,
- La stratégie du miroir,
- Et la stratégie de la gazelle.

Les trois sont valables ; le tout est d'adopter celle (ou celles) qui vous convient à vous, et à la situation.

La stratégie du premier ministre

La stratégie du premier ministre repose sur un constat simple : femme de ménage, vous n'êtes pas à l'abri de la méchanceté d'un premier ministre ; premier ministre, vous êtes à l'abri de la méchanceté d'une femme de ménage.

Les méchants ne sont pas fous, ils ne cherchent pas les coups : ils ne s'en prennent pas à plus fort qu'eux. La stratégie du premier ministre consiste donc à accroître ses forces.

Se documenter sur ses droits, sur les techniques de manipulation, développer sa confiance en soi par le développement personnel... Il existe d'innombrables manières d'augmenter son pouvoir personnel. L'une d'elles consiste à affronter courageusement le méchant qui vous persécute en lui disant ce qu'il déteste entendre. Une autre, à coup sûr la plus efficace, consiste à se chercher des alliés : contacter un syndicat, parler à d'autres victimes, à des collègues, à un journaliste... Face à un prédateur, il est imprudent de rester isolé.

La stratégie du premier ministre représente un investissement conséquent ; ses effets sont certains, mais un peu lents. Vous aurez peut-être envie d'avoir simultanément recours à une stratégie plus rapide.

La stratégie du miroir

C'est Anthony Gunn, psychologue spécialiste de la peur, qui a décrit la stratégie du miroir dans son ouvrage *Transformer ses peurs*, au chapitre « Mettre fin aux manipulations

psychologiques ». À une tentative de déstabilisation (généralement une réflexion ambiguë et perfide), il y a trois manières spontanées de réagir :
– faire comme si de rien n'était ;
– s'énerver et contre-attaquer ;
– Et la pire de toute : se plaindre en pleurnichant, montrer ses émotions et ses larmes.

Aucune de ces réactions n'est bonne car chaque fois, on rentre dans le jeu du méchant en lui donnant ce qu'il cherche. La stratégie du miroir se différencie de ces réactions inefficaces. Elle consiste à *refléter* le méchant en lui disant ce qu'il est en train de faire :

« Tu veux te montrer désagréable ? »

« On dirait que tu sous-entends que... »

« J'ai l'impression que tu cherches à me vexer... »

« On dirait que tu veux me blesser en disant ça... »

Ainsi, on met des mots sur ce que le méchant fait : au lieu de garder ses commentaires pour soi, on lui en fait part calmement et publiquement, jouant ainsi le rôle d'un miroir impassible. Le méchant nie, mais peu importe. L'essentiel est qu'on n'entre pas dans son jeu et qu'on le dissuade de recommencer une autre fois.

La stratégie du miroir n'est possible que lorsque vous avez affaire à un méchant qui n'a pas de pouvoir objectif sur vous : collègue, ami, connaissance. Elle est utile mais ne résout pas le problème à la base, car le fond du problème, c'est le méchant... qui est toujours là.

La stratégie de la gazelle

Comme la stratégie du premier ministre, la stratégie de la gazelle repose sur un constat simple : il n'y a strictement aucun intérêt à fréquenter un méchant, sauf lorsqu'on a pour objectif de devenir méchant soi-même.

Avec un méchant, on n'aura jamais le dernier mot et si par miracle on l'avait, on n'y gagnerait rien. Même quand on maîtrise les stratégies du premier ministre et du miroir, tout contact avec un méchant reste une perte de temps, d'énergie, et une source inépuisable de désagréments.

Donc, si c'est possible, prenez votre courage à deux mains et partez en courant : fuyez comme la gazelle agile !... Vous n'avez pas besoin d'un méchant dans votre existence.

Quelqu'un (peut-être votre psy) veut que vous restiez sous prétexte que « fuir, c'est lâche » ?

Rétorquez-lui que vous préférez être intelligemment lâche que bêtement courageux. D'ailleurs, son objection ne tient pas, car il faut toujours plus de courage pour changer quelque chose à sa vie que pour perpétuer le statu quo. À ce propos, une ex-victime de méchant a parlé de « l'immense courage de la fuite ». L'expression est parfaitement juste.

Heureusement, on n'a pas toujours besoin de fuir. Bien souvent il suffit d'effacer de son portable le numéro de téléphone du méchant et de cesser de répondre à ses appels.

La stratégie de la gazelle est la plus simple, la plus radicale, la plus efficace. Ayez-y recours chaque fois que c'est possible : éliminez les méchants de votre vie. Et si vous ne pouvez pas les supprimer complètement, minimisez du moins leur présence... par exemple ne voyez votre méchante belle-mère qu'à Noël : une fois par an, c'est amplement suffisant.

Pour clôturer ce chapitre, ce conseil de Richard Koch, brillant entrepreneur et auteur à succès qui a popularisé le principe de Pareto, s'impose :

> « Au lieu de vous entraîner à ne plus avoir peur des serpents, contentez-vous de les éviter ; vous gagnerez du temps. »

Remplacez « serpents » par « méchants », et vous aurez un bon résumé de la stratégie de la gazelle.

À retenir

● Certaines personnes ont une mentalité d'anthropophage. Elles prennent plaisir à manger les autres, croyant ainsi augmenter leur puissance.

Conseils

▶ Ne vous bercez plus d'illusions : si quelqu'un vous fait régulièrement du mal, ce n'est pas vous qui êtes « trop susceptible », mais lui qui engraisse son ego aux dépens du vôtre.

▶ Si quelqu'un vous fait un cadeau de grande valeur, acceptez-le en formulant cette réserve mentale : « J'accepte ton cadeau, mais avec celui-ci tu n'as pas acheté le droit de me maltraiter, même gentiment et pour rire. Ma dignité n'est pas à vendre. » Si cette personne se donne le droit de s'immiscer dans votre vie et de vous dicter votre conduite, inversez les rôles : à partir de maintenant, refusez tous ses cadeaux et faites lui des présents.

Lectures recommandées

☐ *Le Harcèlement moral : la violence perverse au quotidien* de **Marie-France Hirigoyen. Livre à lire si vous vous sentez régulièrement rabaissé, nié ou insulté par quelqu'un.**

☐ *Les manipulateurs sont parmi nous : Qui sont-ils ? Comment s'en protéger ?* d'**Isabelle Nazare-Aga.** Bon livre, immédiatement applicable à la vie quotidienne.

☐ *http://www.manipulationperverse.fr/index.htm*

Le manque d'altruisme

D'après l'éminent médecin et psychothérapeute Alfred Adler (1870-1937), la mélancolie est causée par une absence de solidarité active à l'égard de ses semblables. Ce détachement excessif vis-à-vis de leurs besoins, de leurs joies et de leurs peines, cette préoccupation quasi exclusive pour soi-même, appelons-les de l'égoïsme, en oubliant les connotations morales attachées à ce mot.

Cet égoïsme est tout à fait compatible avec un souci exagéré du qu'en-dira-t-on et du regard des autres. On peut penser sans arrêt à ce que pensent Truc, Bidule et Machin, tout en ne cherchant nullement à aider Truc, Bidule et Machin, et en se souciant fort qu'ils soient ou non heureux.

On peut aussi aimer passionnément Chose, être consumé par la peur panique que Chose nous quitte, sans jamais élargir à Chose son égoïsme. Peu nous chaut que Chose soit heureux ou non, tant qu'il reste à nos côtés. Nous ne lèverons pas le petit doigt pour l'aider, sauf bien sûr si nous sommes sûr que c'est notre intérêt... Le besoin qu'on a de quelqu'un n'est pas de l'altruisme.

Il faut bien avouer que rares sont les personnes déprimées à faire le lien entre leur mal-être et un manque d'altruisme.

En tout cas, moi je ne me disais pas : « Si je souffre en cet instant, c'est parce que je me concentre trop exclusivement sur mon nombril. Si j'essayais de faire le bonheur de quelqu'un d'autre, ou du moins de soulager ses peines, je me sentirais tout de suite beaucoup mieux. Malgré une hygiène corporelle impeccable, je suis une sale égoïste : au fond, c'est *ça* qui me déprime ! »

Je ne me le disais pas, et pourtant il y avait là une bonne part de vérité. Je souffrais de mes problèmes, certes, mais aussi d'y être enfermée. J'avais toujours le nez collé dessus. Les rares moments où, lors de ces années de souffrance, je me suis dé-focalisée de moi-même pour chercher à apporter aide et appui à quelqu'un d'autre sont aussi les moments où j'ai bénéficié d'une énergie qui me faisait habituellement défaut.

Pourquoi la « préoccupation quasi-exclusive pour soi-même » est-elle une cause de dépression ?

Primo, parce que l'être humain ne trouve son équilibre que lorsqu'il se préoccupe d'autre chose que de lui-même. C'est dans sa nature d'avoir besoin d'une forme de transcendance : il a besoin de regarder au-delà de son petit moi pour se sentir bien.

Secundo, parce que ce point de vue limité enferme dans le manque. Quand on regarde un gâteau d'un point de vue égoïste, on se dit qu'il n'y en aura pas assez pour tout le monde et qu'on devra se battre contre les autres pour obtenir sa part, ou pour la défendre contre leur appétit excessif.

Enfin, parce que l'égoïsme fait obstacle à l'établissement de relations harmonieuses avec ses semblables. Difficile d'aimer et d'être aimé quand on fait preuve d'égoïsme, difficile aussi de préserver cet amour quand par un heureux et improbable hasard il est né.

Le remède

Le remède à l'égoïsme, cause de dépression, est évident : il consiste à aider ses semblables, même s'ils ont l'air différents.

D'après Dale Carnegie, un tiers des gens qui se précipitent chez le psychiatre pourrait probablement se passer de médecin, s'ils cherchaient un moyen d'aider quelqu'un d'autre :

> « Si vous cherchez un moyen de triompher de vos soucis, de trouver la paix et le bonheur… cessez de penser uniquement à vous-même, en pensant davantage aux autres. Faites chaque jour une bonne action qui fera naître un sourire sur un visage harassé. »

À ses patients dépressifs et insomniaques, Adler conseillait de chercher, lorsqu'ils ne parvenaient pas à s'endormir, de quelle manière ils pourraient bien faire plaisir à quelqu'un. Que se passait-il alors ? Dès qu'ils commençaient à cogiter sur les bonnes actions qu'ils pourraient accomplir, leurs paupières se mettait à clignoter. Ils sombraient rapidement dans un profond sommeil.

Adler et Carnegie ont mis en plein dans le mille. Nous sommes les premiers bénéficiaires du bien que nous faisons, ou voulons faire, et même commençons à envisager de faire, aux autres.

Vous avez du mal à y croire ?

Souvenez-vous que le mal appelle le mal, le bien appelle le bien. *Ce que tu donnes aux autres, tu le donnes à toi-même*, dit un sage proverbe africain. Cette loi, il est facile de l'illustrer par des exemples.

Lorsqu'un individu se blesse accidentellement avec la bombe qu'il projetait de faire exploser dans un attentat, il récolte le mal qu'il prévoyait de faire : ses mauvaises intentions lui pètent à la figure.

Symétriquement, lorsqu'on cherche à aider ses semblables, on est aux premières loges pour récolter tous les bénéfices de la bonne action qu'on cherche à accomplir. Par exemple vous donnez un coup de main à votre cousin, et vous en tirez un surcroît d'énergie pour vous-même ; vous remontez le moral à un ami, et c'est votre propre moral qui remonte en flèche ; vous cherchez un renseignement pour un collègue, et vous tombez par hasard (mais il n'y a pas de hasard) sur une information dont vous aviez, sans le savoir, un besoin crucial.

Lorsqu'on aide les autres, on s'aide soi-même ; le bien qu'on veut leur faire nous revient au centuple. Quoiqu'elle ne soit pas enseignée à l'école, cette loi n'a pas plus d'exception que 1+1=2. Je suis bien placée pour le savoir...

En cherchant des informations qui puissent vous aider, j'en ai trouvé plusieurs qui ont fait une différence considérable dans ma vie. Je pense en particulier à l'information sur les dents mortes (nécrosées ou dévitalisées), cause possible de dépression et d'idées suicidaires mais aussi de stérilité et de grossesses avortées. Après cinq fausses couches c'est cette information, et l'extraction dentaire qui s'ensuivit, qui m'ont permis de donner naissance à une petite fille qui, en cet instant même, me regarde avec de grands yeux ronds en agitant ses petites mains potelées.

Une raison de vivre quand on n'en a plus

L'altruisme est plus qu'un remède aux idées noires. C'est une raison de vivre quand on en manque :

> « La peine et le plaisir passent comme une ombre ; la vie s'écoule en un instant ; elle n'est rien par elle-même, son prix dépend de son emploi. Le bien seul qu'on a fait demeure, et c'est par lui qu'elle est quelque chose. »

Les mots qui précèdent sont ceux que Mylord Edouard adresse à Saint-Preux pour le dissuader de se suicider, dans *La Nouvelle Héloïse*, célèbre roman-fleuve de Jean-Jacques Rousseau (1712-1778), philosophe sentimental et rêveur. À son jeune ami, Mylord Edouard dit aussi :

> « Les malheureux qui ont besoin de toi, ne leur dois-tu rien ? Apprends qu'une mort telle que tu la médites est honteuse et furtive ; c'est un vol fait au genre humain. Avant de le quitter, rends-lui ce qu'il a fait pour toi... Ignores-tu que tu ne saurais faire un pas sur la terre sans trouver un devoir à y remplir, et que tout homme est utile à l'humanité par cela seul qu'il existe ? dis en toi-même : « que je fasse encore une bonne action avant de mourir » puis va chercher quelque indigent à secourir, quelque infortuné à consoler, quelque opprimé à défendre... Si cette considération te

retient aujourd'hui, elle te retiendra demain, après-demain, toute ta vie. Si elle ne te retient pas... tu n'es qu'un méchant. »

Si la volonté d'aider les autres ne te retient pas à la vie, alors tu n'es qu'un « méchant ». En d'autres termes, les suicidés sont d'affreux égoïstes dépourvus de tout sens moral : de vrais salauds.

Il faut bien reconnaître que de nos jours, cette manière d'envisager le suicide ne fait pas l'unanimité... Mais peut-être que Mylord Edouard n'a pas tort, ou pas complètement tort, malgré tout.

Et s'il n'y avait aucune zone neutre entre la bonté et son contraire ? Et s'il n'y avait rien entre le bien et le mal ?

Convaincu par les arguments de son ami, Saint-Preux abandonne l'idée de mettre fin à ses jours et part faire le tour du globe en sa compagnie.

De nos jours, un ex-dépressif est arrivé à la même conclusion que Mylord Edouard :

> « Une stratégie utile lorsqu'on lutte contre la pensée du suicide consiste à aider les autres. Même réfléchir à des moyens de les aider dans le futur est un bon moyen de chasser la tentation de se tuer. Quand on découvre qu'on peut apporter de la lumière à d'autres existences, on découvre simultanément que la vie a de la valeur et qu'elle est digne d'être vécue. »

Tous ceux qui se sont mis à aider les autres sont arrivés à cette conclusion : lorsqu'on s'efforce d'aider ses semblables, la vie se révèle soudain trop belle et trop précieuse pour qu'on la quitte.

Concrètement

Vous ne voyez pas qui aider ?

Faites simple : tournez-vous d'abord vers ceux qui vous sont le plus proche.

Et pour commencer, par votre conjoint si vous en avez un. Soyez gentil avec lui, ou elle. Imaginez ce que vous ressentiriez si vous étiez à sa place. Faites-lui des compliments. Souriez-lui. Aidez-le ; aidez-la. Même chose avec vos enfants, vos parents. Témoigner de la bonté à l'égard de parfaits étrangers tout en faisant preuve d'un froide indifférence à l'égard de ses proches relèverait de l'hypocrisie.

Vous voulez en faire plus ?

Les possibilités qui s'offrent à vous sont innombrables : rendre visite à des prisonniers ou à des personnes âgées ; travailler bénévolement pour les Restos du cœur ; monter une association pour [à vous de voir] ; créer un blog d'aide aux [à vous de voir aussi] ; remonter le moral à des internautes déprimés...

Si aucun de ces projets ne vous tente, c'est peut-être qu'ils ne sont pas assez en phase avec vos dons propres. Dans ce cas, fixez-vous un objectif ou une mission *égo-altruiste*.

Que signifie ce néologisme un peu biscornu ?

Quand il s'agit de fournir des efforts répétés sur une longue durée, mieux vaut y trouver son compte. L'idéal est donc de viser le point de jonction où notre intérêt rejoint l'intérêt des autres, celui où on est d'autant plus altruiste qu'on est égotiste, et d'autant plus égotiste qu'on est altruiste. Un objectif ou une mission égo-altruiste correspond à vos compétences et à vos rêves les plus chers de la manière la plus précise tout en faisant une différence positive dans la vie des autres.

À retenir
- Qui sème le bien le récolte aussi.
- Quand on manque de raison de vivre, aider les autres en est une.

Conseil
▶ Faites le bien autour de vous ; aidez vos semblables.

V. Causes personnelles et existentielles

Penchons-nous maintenant sur des causes personnelles et existentielles de dépression. Certaines sont connues, d'autres pas du tout ; certaines ont quelque chose à voir avec vous, d'autres pas vraiment. Lisez attentivement cette partie, vous seul pouvez faire le tri.

L'impatience

Si la conscience de nos défauts n'est pas, en elle-même et à elle seule, une cause de dépression, certains défauts – ou mauvaises habitudes, car c'est la même chose – sont, eux, des causes tout à fait réelles de malheur en général et de dépression en particulier.

Ces défauts-là sont d'autant plus dévastateurs qu'on ne se croit pas concerné, ou qu'on ne les considère pas vraiment comme des travers. Les assimiler à des traits de personnalité aussi anodins qu'une prédilection pour la musique classique ou pour les balades en forêt est une erreur qui coûte cher.

Parmi ces défauts, on trouve l'impatience et l'ingratitude.

Définition de l'impatience

Vous vous rappelez peut-être que l'impatience est un « manque de patience pour attendre quelqu'un ou quelque chose, une irritation nerveuse, une incapacité à rester en place, à se contenir ».

En d'autres termes, l'impatience consiste à se mettre à neuf pour faire un enfant en un mois, à placer la charrue avant les bœufs, à commencer la récolte le jour où l'on sème. Bien sûr, tous ces ersatz de stratégies sont vouées à l'échec : ni Rome, ni même le nid d'une mésange ne se sont construits en un jour. L'impatient se rebiffe contre les lois de l'univers, ce qui est le moyen le plus sûr de rater le but qu'il s'est fixé.

L'impatience n'est pas seulement inutile ; elle est contre-productive. En effet les paroles et les gestes impatients sont souvent brusques. Et quand ils ne sont pas brutaux, ils sont grossiers, impolis ou égoïstes. C'est pourquoi faire preuve d'impatience a souvent pour effet de retarder le moment qu'on attend avec tant d'impatience. Maintenant qu'on a dépensé ou détruit par son impatience ce qu'on n'aurait pas dû (objet, projet, confiance, relation), il va falloir rebâtir, réinvestir, repartir à zéro d'une manière ou d'une autre.

Les impatients

Qui sont les impatients ?

Vous, moi, tout le monde.

L'impatience est une tendance innée chez l'être humain. Nous sommes tous naturellement pressés. Mais cette tendance, nous sommes libres d'y résister comme d'y céder. Pour la surmonter, souvenez-vous que l'impatience ne fait qu'empirer les choses. Et les ralentir.

Et maintenant, parlons un peu du seul vrai remède à l'impatience, qui est (c'est logique) la vertu opposée...

Définitions de la patience

La patience, c'est de supporter quand ça va mal en se souvenant que tout passe – y compris les moments pénibles.

La patience, c'est de comprendre qu'il n'y a pas d'échec, si ce n'est le renoncement.

La patience c'est de persévérer, c'est-à-dire de poursuivre ses efforts en l'absence de résultats concrets. De ne pas lâcher prise sous prétexte que ça ne marche pas. Car en réalité, ça ne marche pas *encore*. Mais ça va marcher.

À condition de ne pas se décourager...

La patience, c'est, lorsque la dernière pièce du puzzle manque encore, de ne pas donner par dépit un coup de pied dans son ouvrage. De ne pas briser dans un moment de rage l'échafaudage méticuleux que l'on a mis des années à concevoir et bâtir.

La patience, c'est aussi de ne jamais changer de direction *quand on sait que c'est la bonne.*

Ce n'est pas parce que la tempête nous a fait dévier que nous devons changer d'objectif – le but n'est pas d'atteindre « n'importe quel point pas trop éloigné que je peux rejoindre sans trop d'effort », mais bien de rejoindre un point précis, à tant de longitude et tant de latitude, défini sur une carte objective, indifférente à l'exaspération et aux larmes, une carte qui ne ment pas.

Bref, la patience, c'est de ne pas céder à l'impatience – y

compris et surtout lorsque l'impatience en question est terrible et qu'elle nous dévorerait goulûment si on la laissait faire. Malgré son air simplet, cette dernière définition est peut-être la plus profonde.

Mais je m'aperçois que j'en ai oublié une : la patience, c'est de l'amour. Les parents patients sont des parents aimants (sans parler des enseignants patients, des artistes patients, des amants patients, des commerçants patients...)

Un bébé qui tète prend son temps et le vôtre. Il sirote son lait à toutes petites gorgées, qu'il entrelace de mini-siestes. Le ciel nocturne passe au bleu et au rose qu'il en est encore à l'entrée de son interminable et paisible repas. Pour respecter sa sérénité céleste, son rythme naïf qui ignore les horaires et les montres, il faut de la patience, autre nom de l'amour.

Sagesse

J'aimerais partager avec vous des paroles de sagesse qui m'ont apporté un grand réconfort dans des moments difficiles. Ces sentences vous aideront à surmonter votre impatience, et ainsi à vous libérer d'une cause tout à fait réelle de dépression.

Il y a d'abord ces proverbes chinois, dépositaires d'une sagesse orientale et ancestrale qui a fait ses preuves :

« À qui sait attendre, le temps ouvre ses portes. »

« Patience ! Avec le temps, l'herbe devient du lait. »

« Ne crains pas d'avancer lentement, crains seulement de t'arrêter. »

« Avec du temps et de la patience, les feuilles de mûrier se transforment en robe de soie. »

« Un moment de patience peut préserver de grands malheurs ; un moment d'impatience, détruire toute une vie. »

Ce proverbe africain très suggestif :

« Au bout de la patience, il y a le ciel. »

Ce proverbe persan qui souligne à juste titre le rôle du temps dans toute œuvre de valeur :

> « La précipitation vient du Diable ; Dieu travaille lentement. »

Ces deux citations de Saint François de Sales (1567-1622), éminent théologien qui renonça à ses titres de noblesse et dont la devise était « rien par force, tout par amour » :

> « On a besoin de patience avec tout le monde, mais particulièrement avec soi-même. »

> « Marchons toujours, si lentement que nous marchions, nous ferons beaucoup de chemin. »

Cette autre citation de Giacomo Leopardi (1798-1837), moraliste, poète et philosophe italien qui met ici le doigt sur un aspect essentiel de la patience :

> « La patience est la plus héroïque des vertus, précisément parce qu'elle n'a pas la moindre apparence d'héroïsme. »

Dans le même esprit, cette remarque de Ralph Waldo Emerson (1803-1882), qui donne une autre vision de l'héroïsme :

> « Un héros n'est pas plus brave qu'un homme ordinaire, mais il est brave quelques minutes de plus. »

Et cette réflexion anonyme mais profonde, qui aide à garder l'espoir dans l'adversité ainsi qu'à persévérer dans la difficulté :

> « Tout est bien qui finit bien. Si ce n'est pas bien, ce n'est pas fini. »

Ces citations sont à méditer régulièrement.

Bilan

Si vous voulez être heureux et réussir votre vie, et quelle que soit votre définition de la réussite, vous avez besoin de patience. Seuls ceux qui s'arment de patience récoltent tous les fruits de leurs efforts et réalisent leurs rêves. Car en fin de compte, qu'est-ce qui s'obtient avec la patience ?

Tout ce qui vaut la peine d'être obtenu.

Et qu'est-ce qui s'obtient sans la patience ?

Rien que le suicide, la drogue, l'alcool, la colère, l'ignorance, la paresse, la gloutonnerie, les rêves oiseux et les dépenses idiotes. L'illustre dramaturge William Shakespeare (1564-1616) a dit vrai : « Qu'ils sont pauvres, ceux qui n'ont pas de patience !... »

À retenir
● L'impatience est impolie, égoïste et brutale.
● En faisant preuve d'impatience, on se condamne à l'échec ou on retarde sa victoire.
● L'amour est patient ; la patience est aimante.
● Rien de précieux ne s'obtient sans patience.

Conseils
▶ La vie est une lutte et la patience une arme : armez-vous de patience.
▶ Faites vôtre cette déclaration de George Sand : « J'aurai du courage ! Je saurai souffrir et attendre. »

La méconnaissance de soi

Quand le philosophe allemand Friedrich Nietzsche (1844-1900) se prenait pour Alexandre le Grand, son illusion mégalomaniaque l'enivrait. Mais qui veut de ce genre d'ivresse ? Croire dur comme fer qu'on est Alexandre le Grand ou Napoléon est une source de difficultés sans nombre, à commencer par un enfermement à l'hôpital psychiatrique – sauf, bien sûr, quand on est *vraiment* Alexandre le Grand ou Napoléon.

Mais toutes les folies ne sont pas aussi spectaculaires que celles-ci. À une époque, je voulais devenir peintre-décorateur. Sans être folle à enfermer, je me prenais pour quelqu'un d'autre. Cette illusion quant à ma véritable identité m'entraînait dans une direction qui n'était pas la mienne. Le fait de ne pas se faire une image juste de soi-même constitue toujours un problème.

La force du miroir

Une poule amnésique serait peut-être tentée de délaisser ses poussins, boules de duvet jaune et piailleur qui la fatiguent, pour rendre visite à son voisin le renard, si chic et séduisant dans son manteau de fourrure rousse, allant ainsi tout droit vers des ennuis graves.

De même, un phoque-moine qui aurait oublié qu'il est un mammifère marin serait peut-être tenté de défier un chevreuil à la course, se lançant ainsi dans une compétition perdue d'avance. De retour dans son élément, le chauve grassouillet à moustaches remporte la victoire haut la nageoire, même contre Laure Manaudou.

Comme ces animaux imaginaires, nous avons besoin de connaître notre nature innée pour survivre, accomplir notre mission, et triompher. Se connaître soi-même est un préalable à n'importe quel projet d'envergure. Comment réussir sans une juste appréciation de ce qu'on a, de ce qu'on peut, bref de ce qu'on est ? C'est aussi une condition nécessaire et presque suffisante à une vie heureuse. La sagesse chinoise considère que la force du miroir est supérieure à celle du sabre... Effectivement un faible qui se connaît bien est bien plus fort qu'un fort qui se fait des illusions sur lui-même.

Ne pas savoir qui l'on est représente une cause majeure d'échec et de souffrance ; nous tenons là une cause tout à fait réelle, et plus fréquente qu'on pourrait le croire, de dépression et de folie.

Une découverte libératrice

À ce propos parlons de Jacques, professeur de mathématiques. Étant issu d'une lignée de matheux, Jacques a suivi le chemin de ses ancêtres sans enthousiasme ni révolte. Il a oublié ses vacances enfantines chez tonton Gustave, le seul manuel de la famille, un artisan boulanger au cœur d'or qui lui a appris à mettre la main à la pâte.

Mais un jour, Jacques trouve sur la table de la salle à manger un livre à la couverture attrayante : la photo d'une belle miche de pain rustique. Sa femme l'a acheté pour l'offrir à sa cousine et laissé là en attente de papier cadeau. Jacques le feuillette d'une main distraite ; c'est *Le Pain de Poilâne*.

Et soudain, Jacques a une révélation.

Une illumination.

Son truc, ce n'est pas les équations aux dérivées partielles, mais les croissants.

Jacques respire enfin. Le voilà libéré de la fiction étouffante qui l'a gardé emprisonné dans une salle de classe pendant cinq années. Il comprend maintenant pourquoi la correction de copies l'accable tant… et se décide d'un coup à se lancer dans l'aventure dont il rêve depuis toujours, mais qu'il a refoulée au plus profond de ses fantasmes en entrant dans l'Éducation Nationale. Il va ouvrir une boulangerie-pâtisserie. Quitter sa zone de confort pour plonger dans l'inconnu lui fait peur, mais il est heureux. Il déchiffre enfin sa véritable vocation ; il connaît enfin sa véritable identité.

Moralité

Une définition erronée de soi-même condamne à vivre un autre destin que le sien. C'est pourquoi la découverte de notre véritable identité est toujours libératrice. Découvrir qui l'on est vraiment, c'est réintégrer son domicile. Que ce domicile soit une bicoque ou un château, une salle de classe ou un fournil, nous nous y sentons bien parce que c'est le nôtre. Se connaître, c'est naître.

À retenir
● Ne pas savoir qui l'on est une cause tout à fait réelle de dépression et de folie.

Conseils
▶ Étudiez vos points faibles et vos points forts, cherchez à savoir qui vous êtes : c'est le secret de la force.

▶ Pour procéder à votre introspection, commencez à tenir un journal de vos pensées intimes.

Lecture recommandée
☐ *Les types de personnalité : Les comprendre et les utiliser*

avec le MBTI et le CCTI de **Pierre Cauvin et Geneviève Cailloux**. Une lecture qui vous aidera à cerner les contours de votre personnalité.

La sous-estimation de soi

Sous-estimer une chose, c'est fixer son prix en dessous de sa véritable valeur. Beaucoup de gens sont importants, intelligents et capables et s'imaginent dépourvus de toutes ces qualités. Si vous vous sous-estimez, le miroir où vous vous regardez est constellé de taches de rouille. Peut-être aussi qu'il est déformant. Du coup, l'image que vous vous faites de vous-même n'est pas fidèle. C'est une caricature. (À noter que cette cause de dépression est une sous-espèce : quand on se sous-estime, on croit savoir qui l'on est alors qu'en réalité on l'ignore.)

Inconvénients

Il y a de nombreux inconvénients à se sous-estimer :

1/ Difficile d'éprouver à son propre égard des sentiments tendres, ou même seulement de l'estime, tant qu'on croit à une version amoindrie de soi-même.

2/ Un deuxième inconvénient, c'est que cette illusion fait mal. À un niveau, on a l'intuition confuse de sa valeur, tandis qu'à un autre niveau on se prend pour pas grand-chose. Le décalage est douloureux, pénible. Nous avons de l'importance. Lorsque nous croyons que nous en manquons, cette croyance erronée nous blesse.

3/ Un troisième inconvénient à se croire sans valeur, c'est que cette conviction est un facteur déterminant dans la manière dont les autres nous traitent – et en l'occurrence, maltraitent. Aussi longtemps que l'on se considère comme quantité négligeable, rare sont ceux qui revoient notre valeur à la hausse. Les gens ont en effet tendance à aligner leur évaluation de nous sur notre évaluation de nous-mêmes. Tant que nous nous accordons peu ou pas de prix, ils font de même, et quand par chance ils nous accordent de l'importance, nous croyons à un malentendu.

Il y a encore bien d'autres inconvénients mais je vous les épargne.

Se croire incapable

Un teckel nain à poil ras peut étudier le développement personnel pendant mille ans, il ne se changera jamais en Saint-Bernard. Mais la plupart des soi-disant « incapables » sont capables, car les capacités humaines sont infiniment plus vastes que les limites arbitraires et personnelles que nous leur avons fixées.

Ne laissez pas vos limites mentales vous emprisonner. Si votre existence vous semble étroite, ce n'est pas une fatalité. Plutôt le résultat d'un point de vue lui-même trop étroit. Ne soupirez pas « Si seulement... » La mélancolie est le résultat d'une définition trop timorée de vous-même. Vous devez revoir les limites de votre identité, elles sont plus larges que vous ne le supposez. Vous pouvez obtenir ce que vous désirez.

Quand l'heure de la mort arrive, un teckel nain n'a pas de regret, mais ceux qui ont toujours tourné le dos à leurs rêves parce qu'ils se croyaient incapables de les réaliser en ont de cuisants. Alors prenez dès aujourd'hui conscience que le grand secret, c'est qu'il n'y en a pas.

Vous êtes *déjà* capable. Capable de devenir ce que vous désirez devenir. Mais tant que vous penserez ne pas l'être, tout ce passera comme si vous ne l'étiez pas.

Se croire bête

De même, se croire bête n'est pas une situation confortable. Quand on est dans ce cas, on n'accorde aucun crédit à ses facultés mentales : on ne se fait pas confiance.

Quand on s'imagine stupide, on comprend des choses essentielles, parce qu'on est intelligent, mais on les oublie ou on fait comme si on les avait oubliées, parce qu'on se croit bête. On a des intuitions et des aperçus parfaitement justes, mais parce qu'on ne se fie pas à son jugement, on ne tire pas les conséquences de ce qu'on a compris, on recule devant les conclusions. On se doute de..., mais on n'éclaircit pas ses doutes, on ne veut pas approfondir. On a peur d'aller jusqu'au bout ; peur de suivre son intelligence ; peur d'*aller trop loin.*

Croyant être mal placés pour savoir ce qui est bon pour nous, nous nous laissons impressionner par n'importe quel charlatan à diplômes. Pour nous intimider, il n'a besoin que d'un peu d'arrogance et de jargon : parce qu'il se croit aussi intelligent que nous nous croyons bête et parce que nous ne comprenons rien à son savant charabia, nous nous soumettons à ses diktats et acceptons ses arrêts.

Résultats ?

On fait ce qu'on appelle soi-même « des bêtises »... manière de prouver qu'on a raison de se trouver bête. Ou on ne fait rien, ce qui est une bêtise aussi. On confie (ou plutôt on tente de confier, car c'est impossible) la responsabilité de sa vie à quelqu'un d'autre. Et parce qu'on se prend pour un imbécile, les autres nous considèrent aussi comme tel.

Vous êtes intelligent, mais si vous vous croyez bête, tout se passe comme si vous étiez réellement stupide, sauf que c'est nettement pire : au fond de votre cœur, vous savez que vous pourriez prendre de bien meilleures décisions.

Origines

D'où provient l'illusion de stupidité ?

1/ De messages dévalorisants entendus dans l'enfance.

2/ De l'idée que ce qui est clair n'a pas d'intérêt, tandis que ce qui est incompréhensible est génial.

Cette croyance sabote la confiance qu'on devrait avoir en ses capacités mentales : lisant un ouvrage abscons, on se sent idiot, et inversement lisant un livre compréhensible, on le juge, et se juge, médiocre.

3/ De l'erreur qui consiste à croire que l'intelligence est mesurée par le niveau des études, les diplômes.

L'intelligence est un don avec lequel nous naissons et dont il dépend de nous de faire usage. Bien sûr, obtenir un diplôme est une manière d'en faire usage, mais ce n'est pas la seule, ni la principale. Vous êtes intelligent même si vous avez repassé cinq fois le bac. Vous êtes intelligent même si on vous a dit à l'école « Tu vaux zéro ! », même si votre père ou votre mère avait l'habitude de vous traiter d'imbécile et de crétin. Votre intelligence n'est pas un liquide dans un verre gradué, dont chacun peut lire le niveau : 25 cl, 50 cl… Personne n'est bien placé pour dire que vous manquez d'intelligence. Même vous, vous êtes mal placé pour le prétendre.

Tous les raisonnements par lesquels vous rabaissez votre intelligence sont des sophismes. Ce n'est pas vous qui manquez de valeur : c'est eux.

Lorsque quelqu'un dit, après avoir commis une maladresse : « Que je suis bête ! », est-ce que vous pensez : « C'est vrai : qu'est-ce qu'il est bête ! », ou est-ce que cette remarque vous met légèrement mal à l'aise ?

Si elle vous dérange, c'est qu'on éprouve toujours le sentiment que quelque chose n'est pas à sa place lorsqu'un être humain se rabaisse en prétendant qu'il manque d'intelligence, qu'il est « bête ». Il ne fait que le prétendre : car au fond (parfois tout au fond), il sait qu'il est intelligent.

Vos yeux, votre nez, votre bouche, votre front : tout votre visage traduit en un langage intelligible pour tous que vous êtes, indiscutablement, un être humain, autrement dit un être intelligent.

Le lièvre et la tortue

Comment se fait-il que tant de gens bien portants ont une vie plus sédentaire que d'autres personnes qui, elles, se déplacent en fauteuils roulants ?

Parce que pour être sportif, ce qu'il faut c'est le vouloir.

Il en va de même pour l'intelligence : ce qui compte, ce n'est pas la quantité d'intelligence dont on dispose, mais la manière dont on s'en sert.

Vous connaissez certainement la fable du lièvre et de la tortue. Ces deux animaux font la course et paradoxalement, c'est la tortue qui gagne. Insouciant et orgueilleux, le lièvre a gambadé à droite et à gauche : « Rien ne presse... je suis sûr de gagner. »

Trop confiant en ses capacités, il n'en a tiré aucun parti, tandis que la tortue a marché sans relâche vers son but, jusqu'à son but.

L'histoire du lièvre et de la tortue, c'est l'histoire du surdoué qui ne fait rien de son Q.I. phénoménal et de l'individu ordinaire qui, lui, fait tous les efforts nécessaires pour atteindre ses objectifs de vie.

Nos résultats dépendent moins de ce que nous sommes, que de ce que nous faisons avec ce que nous sommes : on ne réussit pas avec ce qu'on a, mais avec ce qu'on en fait. L'amour, le succès, les amis, la paix : tout cela ne nous est pas donné pour nos beaux yeux, ni pour notre Q.I. ; tout cela nous est donné en échange des efforts intelligents et persévérants que nous faisons pour le mériter et l'obtenir.

La vie nous donne des cartes plus ou moins bonnes, mais l'issue de la partie dépend entièrement de notre manière de jouer. Quelqu'un qui est déterminé à dépasser ses limites finira par surpasser les surdoués un peu trop convaincus de l'être ; ceux-là se prélassent ou gambadent sans but, comme le lièvre de la fable. La persévérance et la concentration d'un soi-disant minable donnent de meilleurs résultats que les velléités dispersées d'un soi-disant génie.

Quitter nul

Dès cet instant, vous pouvez lâcher la fausse image que vous vous faites de vous-même et accueillir la vérité : vous êtes beaucoup plus intelligent et capable que vous ne l'imaginez. Si vous vous sentiez nul, ce n'était pas parce que vous *étiez* nul, mais parce que vous *aviez* nul.

Nul est une paire de lunettes invisible aux verres déformants et teintés. Lorsqu'on porte cette paire de lunettes, on voit le monde entier, et on se voit soi-même, à travers elles. Acquérir la mauvaise manière de penser c'est enfiler nul. Ceux qui portent des lunettes ordinaires les enlèvent le soir, mais lorsqu'on porte nul, on le garde pendant son sommeil. Même les rêves en sont colorés... et ce ne sont pas de jolies couleurs.

Dès cet instant vous pouvez enlever ces lunettes démoralisantes ; dès cet instant vous pouvez quitter nul pour reprendre possession de votre valeur native, votre intelligence innée, toutes vos capacités et tous vos dons, ce trésor qui est votre trésor et qui va vous permettre de réaliser vos rêves.

Nous en reparlerons dans le chapitre suivant, consacré à la normose.

À retenir
● Quand on se croit bête, incapable et nul tout se passe comme si on était effectivement bête, incapable et nul.

Conseils
▶ Vérifiez s'il n'y a pas une faille dans votre conception de l'humanité : aussi longtemps qu'on sous-estime l'Homme, on se sous-estime soi.
▶ Cherchez dans votre regard. Si vous scrutez attentivement les profondeurs de vos prunelles, vous ferez une découverte troublante. Celle que vous êtes plus, beaucoup plus, que ce que vous croyez.

La normose

Les grands routes du conformisme
mènent à la médiocrité et au malheur.
Nicolas Hulot

La normose est une cause peu connue mais tout à fait réelle de dépression.

Les gens qui veulent être normaux, qui font des efforts pour être normaux, qui s'angoissent à l'idée de ne pas être normaux, qui insistent pour qu'on les rassure en leur disant qu'ils sont normaux... sont atteints de normose.

Inversement quelqu'un qui est profondément convaincu qu'il est normal et qu'il le restera en toutes circonstances, quoi qu'il fasse et quoi qu'il vive, ne souffre par de normose. Ce quelqu'un ne se pose jamais la question de savoir si ce qu'il vit est normal ou non... il part du principe que tout ce qu'il vit est normal, puisqu'il est normal, lui. Après avoir lu (peut-être plusieurs fois) ce chapitre, il y a des chances pour que vous raisonniez comme lui.

Origines de la normose

En général, on attrape la normose jeune, voire très jeune, dans sa famille, ou parmi ses pairs, dans la cour de l'école.

Il suffit que quelqu'un dise au petit Barnabé : « Toi, t'es vraiment bizarre... » en le regardant d'un air choqué, comme s'il était une créature incompréhensible et légèrement répugnante, pour que le petit Barnabé attrape la normose. Le douloureux sentiment d'être condamné et rejeté ouvre dans son esprit une blessure affective par laquelle le virus s'introduit : ça y est, il *croit* qu'il n'est pas tout à fait normal, il *croit* qu'il n'est pas comme les autres... Et du coup, il *veut* être normal, il *veut* être comme les autres.

Mais la cause première de la normose est plus profonde que des réflexions blessantes entendues dans la cour de l'école. Cette cause première se niche dans les replis du mot *normal*...

Normal n'a pas un mais deux sens principaux. Lorsqu'on emploie le mot *normal* sans réfléchir, ces deux sens se mélangent. Quand un enfant apprend à parler, il apprend donc aussi, au détour d'un mot, que se différencier des autres, c'est mal, et que s'écarter de la foule éloigne de la saine nature humaine.

Plus tard, en cours d'Histoire ou en surfant sur Internet, Barnabé découvrira que « tout le monde » se trompe parfois, que des peuples entiers ont été dans l'erreur, mais cette tardive prise de conscience ne suffira peut-être pas à émanciper son esprit précocement conditionné par sa langue maternelle.

Effets de la normose

Lorsqu'on souffre de normose, on se sent forcément mal dans sa peau, même quand on le cache bien. En effet on veut être normal et à défaut, on veut passer pour tel. On imite donc les comportements et les habitudes de ceux que l'on considère comme normaux. Mais même lorsqu'on parvient à se fondre dans la masse et à persuader son entourage de sa normalité, on n'arrive pas à y croire complètement soi-même. On fournit ainsi beaucoup d'efforts pour un résultat qui reste insatisfaisant.

Qui plus est, on vit dans la peur. En effet on sait (ou plutôt, on croit savoir) qu'on n'est pas aussi normal qu'on prétend être. Du coup, on n'est jamais tout à fait tranquille. Craignant d'être démasqué à tout moment, on a la sensation d'être un imposteur.

La normose enferme aussi dans la médiocrité. Quand on cherche à devenir quelqu'un d'autre (que ce quelqu'un d'autre soit « tout le monde » ou une personne précise), on se condamne à ne jamais égaler son modèle. Aucun sosie de Claude François ne lui arrive à la cheville parce qu'aucun sosie de Claude François *n'est* Claude François. Ceux qui cherchent à devenir tel ou tel n'arrivent jamais à la hauteur de l'original qu'ils se sont donné pour modèle et perdent en cours de route leur personnalité propre, la seule qui aurait pu les rendre charismatiques, créatifs et heureux.

Un genre de suicide

Souffrir de normose, c'est choisir de ressembler à tout le monde plutôt que de ressembler à... soi-même. La peur de se différencier des autres a pour revers la crainte d'être soi-même.

Reniant leur originalité, trahissant leur individualité, les gens atteints de normose ne suivent pas leurs goûts, ne font pas confiance à leur jugement, ne cherchent pas à satisfaire leurs besoins réels, sacrifiant sur l'autel d'une divinité bidon (la norme) leurs désirs, leurs forces, leur caractère, elles-mêmes.

L'imitation est un suicide, a dit à bon droit Ralph Waldo Emerson ; la normose est l'une des formes les plus courantes et tragiques de ce genre de suicide.

Si encore l'être humain était destiné à cela ! Si c'était dans sa nature, de n'être rien qu'une ombre incertaine et angoissée cherchant à se fondre parmi la foule... mais non, pas du tout. L'être humain a tant de richesses, tant de forces dont il peut faire usage s'il le décide ! Il est capable d'escalader des Everest invisibles et visibles, capable d'ouvrir de nouveaux chemins dans des jungles encore sauvages, capable de bâtir des civilisations dans des déserts métaphysiques et physiques où il n'y avait rien avant lui... Alors pourquoi renie-t-il sa vraie nature pour se rabaisser au niveau de la bête à laine, de l'ovin écervelé qui fait « bêêêê » ?

Mystère.

Ou plutôt : normose.

Une maladie avilissante par laquelle l'être humain descend en dessous de lui-même en renonçant à sa dignité, à sa liberté et à sa force.

Pour en finir avec la normose

La normose figeant dans la honte, l'insatisfaction, l'angoisse, la passivité, la médiocrité, l'indignité et l'échec, trouver le bonheur n'est possible qu'à partir du moment où l'on s'en guérit. Si vous êtes concerné de près ou de loin par cette pathologie, la suite de ce chapitre va vous y aider.

Unique

Nous partageons tous la même nature humaine mais personne n'est exactement semblable à personne... ni à tout le monde.

D'ailleurs *tout le monde* n'est qu'un concept, une abstraction flottante et floue, une espèce d'hallucination collective. L'humanité n'est pas une masse compacte ; elle est composée d'individus singuliers.

La personnalité de chaque individu est une combinaison spécifique de forces et de faiblesses impossible à dupliquer. Et c'est logique, car la manière dont nous avons été conçus n'a rien de commun avec la manière dont sont fabriqués les petits Lu. Les objets produits en quantité industrielle en usine sont interchangeables ; les êtres humains ne le sont pas. Chaque nouveau-né avait une probabilité de 1 sur 300 milliards d'être l'individu qu'il est (300 milliards, c'est le nombre de spermatozoïdes, tous différents, qui essaient de rejoindre l'ovule). Lorsqu'un couple conçoit un enfant, la probabilité que ce soit précisément cet enfant-*là* est infinitésimale. Personne n'est « n'importe qui ».

En d'autres termes, vous êtes unique.

Que vous en ayez conscience ou non, personne n'est semblable à vous sur cette terre. Depuis le début jusqu'à la fin du monde, personne n'a jamais été et ne sera jamais exactement comme vous. Vos empreintes digitales, la couleur et le motif de vos iris, la musique de votre voix, la manière dont les lignes de vos paumes s'entrecroisent, le parfum de votre peau, sa couleur... tout en vous est unique. Personne n'a exactement les mêmes yeux, la même bouche, le même nez ; personne n'a les mêmes traits, ni la même combinaison de traits.

Et il n'y a pas que le physique... D'un point de vue psychologique, vous êtes singulier aussi. Votre personnalité n'est pas moins unique que votre visage. Ce que la rose est à la violette, au coquelicot et à la pâquerette, vous l'êtes par rapport aux personnes qui vous entourent. Chaque individu a son style bien à lui, son charme particulier, sa manière d'être.

Irremplaçable

Étant unique, vous occupez une place unique dans l'univers, sur cette Terre.

C'est vrai au sens le plus littéral, puisque le degré de latitude et de longitude où vous vous situez en cette seconde, vous seul y êtes. Personne n'occupe en cet instant le même point dans l'espace et le temps.

Mais c'est aussi vrai en un autre sens.

Chaque être humain étant doté de talents singuliers, personne n'est remplaçable par personne. D'après un vieux proverbe (oublié mais toujours d'actualité) *quand le chat garde les chèvres, personne ne chasse les souris*. Parce que personne ne pourra jamais être exactement qui vous êtes, personne ne pourrait faire exactement ce que vous êtes capable de faire. Il y a, sur cette terre, une mission qui est *votre* mission, une place qui est *votre* place. Renoncez-y et elle restera désespérément vide. Si vous n'occupez pas votre place, personne ne la prendra. Elle est à votre nom. Personne ne peut vous la voler ; personne ne peut vous y remplacer.

Si vous ne vivez pas votre vie, personne ne la vivra ; si vous ne devenez pas tout ce que vous pouvez devenir, personne ne le deviendra.

Ce que vous pouvez apporter à l'homme ou à la femme de votre vie, à vos parents, à vos enfants, à vos amis, à vos voisins, à l'Humanité, personne d'autre ne peut l'offrir. Vos dons sont uniques comme vous l'êtes : un assortiment singulier et précieux dont vous seul pouvez tirer parti. Si vous les laissez dormir et mourez sans les avoir utilisés, vous aurez gâché plus qu'une vie.

On a souvent tendance à croire que ce qu'on est et ce qu'on aime, ce qu'on fait et ce qu'on est capable de faire, ne présentent pas beaucoup d'intérêt. Pourtant c'est là, dans la forme bien spécifique de votre personnalité unique, que se trouve le trésor qui peut, à tous les sens du terme, vous rendre riche. Vos goûts ne sont pas des anomalies ; ils dessinent la carte de votre personnalité. Ne les méprisez pas ; accueillez-les plutôt ; ils délimitent votre territoire, celui où vous pouvez régner en roi.

Important

Vous êtes unique, et vous êtes important aussi.

Importance vient de *importare*, qui signifie « impliquer, entraîner ». Vous êtes important parce que votre existence est reliée par d'innombrables fils invisibles à d'autres existences.

Quand j'étais enfant, une publicité pour le sucre m'a marquée : on voyait la chute d'un premier morceau de sucre posé verticalement entraîner la chute d'un autre, puis d'un autre, puis d'un autre… des centaines, des milliers de morceaux de sucre se retrouvaient par terre à cause du premier.

Nos vies sont aussi proches les unes des autres que cet alignement de dominos.

Du coup tous vos actes, toutes vos paroles, toutes vos décisions ont des conséquences non seulement sur vous, mais sur vos semblables. Tout ce que vous faites, ainsi que tout ce que vous ne faites pas, a des répercussions parfois merveilleuses et parfois dramatiques sur d'autres personnes, que vous connaissez, que vous ne connaissez pas, et que vous ne connaissez pas encore. Vous jouez un rôle crucial dans plusieurs pièces, pas seulement dans celle où vous êtes le personnage principal.

Vous êtes aussi important parce que vous êtes *responsable*

– mot qui n'est pas automatiquement synonyme de *coupable*. Vos choix vous appartiennent. Étant libre vous devez, ne serait-ce que devant le tribunal de votre conscience, répondre de vos décisions.

C'est une bonne nouvelle, car même si vous avez fait de mauvais choix (tout le monde en fait), vous avez devant vous tout le reste de votre vie pour en faire de meilleurs, en récolter les fruits, et en être fier. Fier de réussir, fier de faire des choix intelligents, et fier d'avoir réussi à changer.

Parce que vous êtes un être humain libre et responsable, un voyageur sur la route aux innombrables bifurcations, vous avez le droit et le devoir de vous prendre au sérieux. Sur cette planète, vous êtes l'individu qui peut le plus pour vous, et le plus contre vous. Vous pouvez détruire complètement votre vie, ou vous pouvez la construire à l'image d'une magnifique cathédrale élançant ses flèches élégantes vers le ciel. Personne d'autre n'a ce pouvoir.

En ce sens comme en beaucoup d'autres, vous êtes un V.I.P.

Deux manières de vivre

Il y a deux manières de vivre :

1/ Celle qui consiste à s'adapter à son environnement, quelque pénible ou contre nature qu'il soit, à rentrer dans le moule, à se conformer à la norme sociale, à s'y soumettre sans rien dire, à renier sa vérité pour ne pas faire de vague. Dans ce cas, on part du principe que la vie est une taille unique que l'on doit accepter telle quelle, un modèle standard auquel on doit s'adapter coûte que coûte.

C'est cette manière d'être qu'on adopte quand on souffre de normose.

2/ Mais on peut aussi adapter son environnement à soi en c'est-à-dire chercher, trouver, et s'il le faut *créer*, les conditions propices à son épanouissement. En d'autres termes, et comme je vous l'ai déjà dit, utiliser le moule pour faire son propre gâteau sucré ou salé – son propre cake aux cerises confies, son propre pain de poisson aux crevettes. Cette manière de vivre est adoptée par tous ceux qui ne se contentent pas de survivre. Ils ont décidé de vivre leur vie et d'utiliser leurs dons. Un jour ou l'autre, ceux-là finissent par trouver le bonheur qu'ils recherchent et à exceller dans leur domaine. Personne ne peut les surpasser, car ils occupent un créneau inexpugnable : qui pourrait être eux aussi bien qu'eux ?

Vous pensez peut-être que cette deuxième manière de vivre est réservée à un petit nombre de privilégiés – les gens qui ont la chance de pouvoir être ou faire ceci ou cela.

Mais c'est faux.

Cette manière de vivre est seulement réservée à ceux *qui la choisissent.* Si vous voulez l'adopter, vous pouvez : ça ne dépend que de vous.

Retourner la question

« Ce que je vis et ressens est-il normal ? Est-ce que je suis normal moi-même ? »

Vous vous souvenez de ces questions entêtantes ; nous en avons parlé au début de ce livre. Vous comprenez maintenant qu'elles constituent un symptôme de normose.

Ces questions, retournez-les. Vers l'extérieur. Au lieu de vous demander si vous êtes normal, demandez-vous si la société dans laquelle vous vivez est normale : « Cette civilisation est-elle normale ? Le monde moderne est-il normal ? »

Question importante, car s'il ne l'est pas, à quoi bon chercher à être normal soi-même ?

Être normal selon les normes d'un monde anormal, ce serait comme avoir les pieds sur terre dans un monde à l'envers : on n'en aurait pas moins la tête en bas. Ou comme être « comme tout le monde » en pleine période nazie : on n'en serait pas moins nazi soi-même.

Alors, ce monde moderne, est-il normal, oui ou non ?

Certains prétendent que oui...

Avec toute sa pollution, il est pourtant loin d'être sain. Mais ce qui rend notre monde pénible, c'est moins les gaz d'échappement et autres polluants omniprésents que ce je-ne-sais-quoi dans l'atmosphère.

Vous savez...

Cette ambiance.

Cette *sale* ambiance.

L'ambiance *tous contre un, sauve-qui-peut* et *chacun pour soi*. La jungle, sans la végétation luxuriante et les toucans multicolores qui vont avec. En ce monde c'est : « Malheur aux faibles ! Malheur aux pauvres, aux étrangers, aux handicapés, aux vieux, aux femmes, aux enfants... malheur à *tous ceux qui ne sont pas capables de se défendre* ! »

Entre l'indifférence des uns et l'avidité des autres, notre monde avance comme un rouleau compresseur, fonce comme un troupeau de rhinocéros. Et ceux qui ne sont pas capables de courir aussi vite que le troupeau et dans le troupeau se font piétiner sans pitié. Darwin, qui prônait l'élimination des faibles par les forts et qui prenait un plaisir extrême à tuer les animaux et à les voir souffrir, serait ravi : ses idées triomphent.

Mais vous ?

Dans ce monde inhospitalier où tant d'âmes suffoquent par manque d'amour ou de sens, monde où des *boum-boum* électroniques couvrent des soupirs de faim et de détresse, devriez-vous être 100 % à l'aise ?

Et si la réaction anormale et bizarre, c'était au contraire de trouver que tout va pour le mieux dans le meilleur des mondes ?

À ces questions, deux ex-dépressifs apportent une réponse intéressante :

> « Et si vous étiez normal ? Prise de conscience libératrice : si vous êtes déprimé, ça ne signifie pas forcément que vous avez quelque chose qui cloche... Peut-être que c'est la société où vous vivez qui a quelque chose qui cloche. Peut-être que c'est *elle* qui est tordue. »

> « Un individu sensible et incompris peut se retrouver en décalage avec la société où il a grandi. La dépression n'est pas une maladie qui doit être anesthésiée avec des drogues, mais le S.O.S. de notre propre humanité cherchant à attirer notre attention dans un monde qui nous déshumanise. »

C'est vrai. Il y a quelque chose qui cloche dans la société où nous vivons... Quelque chose de déshumanisé et de déshumanisant. Quelque chose de superficiel, de violent, d'obscène et de clinquant. Je ne voudrais pas noircir le tableau (quoique ce serait difficile) et je ne dis pas non plus que la dépression est directement causée par la société... ce n'est pas aussi simple. Mais dans un monde devenu inhumain, il est naturel qu'un être humain qui a gardé ses qualités humaines se sente un tantinet déphasé.

À retenir

- Vous êtes unique et précieux : votre contribution à l'humanité est irremplaçable.
- Votre originalité fait votre force, ou la fera dès que vous vous ferez confiance.
- Si vous ne vivez pas votre vie, vous ne vivez pas. Si vous n'êtes pas vous-même, vous n'êtes personne.
- La place qui est la vôtre restera vide si vous ne la remplissez pas.
- La majorité peut se tromper ; la société peut dérailler. Et c'est ce qu'elle fait.

Conseils

▶ Si vous n'êtes pas vous, qui le sera ? Et vous, qui serez-vous ? Ayez le courage d'être vous-même, c'est encore le plus simple.

▶ Cessez de vous demander « Suis-je normal ? » pour vous demander : « Le monde où je vis est-il normal ? »

Lecture recommandée

☐ *La confiance en soi*, de **Ralph Waldo Emerson.** Cet essai est probablement le texte le plus inspirant jamais écrit sur l'originalité. Il vous aidera à vous détacher du jugement des autres et vous donnera envie d'être vous.

Le fait de ne pas être à sa place

Êtes-vous à votre place ?

Nous en avons déjà parlé mais nous n'avons pas encore fait le tour du sujet. Le fait de ne pas être à sa place est une cause tout à fait réelle de dépression. En un sens, on peut même dire qu'elle les englobe toutes. Elle est, du moins, étroitement liée à trois autres causes que nous avons déjà examinées : le fait de ne pas savoir qui l'on est, le fait de se juger avec les critères de quelqu'un d'autre et la normose.

Le bon contexte

Que se passe-t-il lorsqu'on survit hors de son élément ?

On a du mal à satisfaire ses besoin les plus élémentaires, on souffre de solitude, et parfois même, on se couvre de ridicule.

Vous vous souvenez de Jacques ? En tant que professeur de mathématiques, Jacques n'était qu'un petit rouage grinçant et grincheux dans la grande machinerie de l'Éducation nationale. C'est dans une boulangerie-pâtisserie qu'il brille de tous ses feux et rayonne de joie de vivre, tel un diamant enfin sorti de sa gangue.

De même, un astronaute qui n'aurait à sa disposition qu'un vélo ferait peut-être un piètre cycliste. Il donne aux autres et à lui-même l'impression d'être médiocre, voire nul, parce qu'il n'est pas là où il devrait être (dans une navette spatiale) pour montrer tout ce qu'il vaut.

Si vous n'avez pas encore trouvé votre vraie place, vous êtes un peu comme un T.G.V. sur un chemin de terre battue : le T.G.V. demeure un excellent train, mais il n'est pas dans le bon contexte pour montrer ce dont il est capable.

Lettre « e »

Je sais que ça demande un sacré effort d'imagination, mais imaginez deux secondes que vous êtes la lettre « e ».

Si vous êtes ici :

> « Tes pas, enfants de mon silence,
> Saintement, lentement placés,
> Vers le lit de ma vigilance
> Procèdent muets et glacés. »

Vous êtes rattaché à un grand poète, Paul Valéry (1871-1945). Tout le monde vous trouve justifié ; on vous respecte et on vous admire. Des professeurs vous citent dans leurs cours et des étudiants dans leurs copies, car vous êtes un très bel exemple de rime riche.

Mais si vous êtes ici :

« Les renards se cache dans le trettoirs. »

Vous êtes une faute d'orthographe et de sens dans une phrase mal fichue et absurde qui en comporte bien d'autres. Les renards ne se cachent pas dans les trottoirs, ils se cachent dans leurs terriers. Si vous êtes le *e* de « trettoirs » vous appartenez à la lamentable copie d'un élève qui de toute évidence a trop traîné sur les trottoirs et qui du coup ne connaît ni les renards, ni leurs terriers, ni sa langue maternelle. Si vous êtes le *e* de « trettoirs »,on se moque de vous sur Internet.

Pourtant, vous êtes toujours la même lettre « e »...

Vous comprenez à quel point il est important d'être à la bonne place – c'est-à-dire à la sienne ?

Ordre et désordre

Cette question de la place est le contraire d'un détail. Quand chaque chose ou personne est à sa place, l'harmonie règne. La beauté et le sens naissent de l'ordre, tandis que l'injustice est fille du chaos. Mettre un innocent en prison ou un tueur pédophile multirécidiviste en liberté, c'est les placer là où ils ne devraient pas être.

Si vous êtes à votre place, vous contribuez à l'harmonie générale ; si vous n'y êtes pas, vous participez au désordre du monde.

Tant qu'on n'a pas trouvé sa place, l'existence est un problème et une souffrance. Dès qu'on l'a trouvée, tout s'apaise. On ne souffre plus d'être une pièce ronde dans un trou carré, et on ne fait plus souffrir les bords du trou non plus. Comme le rouage approprié d'une horloge suisse, on s'engrène parfaitement dans les rouages voisins, contribuant ainsi au fonctionnement fluide d'un tout qui nous dépasse. Ou (pour rester dans la métaphore horlogère), on construit sa propre coucou.

Encore la normose

Quand la pièce ronde dans le trou carré a la normose, au lieu de s'interroger sur la nécessité de rester à une place qui ne lui convient pas, elle croit qu'elle est mal fichue de naissance : si elle ne rentre pas dans le trou, ou si elle n'y rentre qu'avec de grandes difficultés, c'est, pense-t-elle, parce qu'elle a été créée difforme, qu'elle a un problème à la base... bref, qu'elle est « pas normale ».

Quand on souffre de normose on se voit toujours comme le problème : au lieu de comprendre que ce sont les chaussures qui sont trop petites, on pense que ce sont nos pieds qui sont trop grands. On s'imagine qu'on doit à tout prix se satisfaire de ce qui semble satisfaire les autres ; on accepte des situations pénibles qu'on pourrait changer... On se résigne.

Trouver sa place

J'espère que vous êtes maintenant convaincu (si vous ne l'étiez pas avant) que vous devez trouver votre place.

— Vous ne la trouvez pas ?

Si vous ne la trouvez pas, c'est que vous ne l'avez pas encore trouvée : continuez à la chercher.

— Elle n'existe pas ?

Elle existe, au moins virtuellement, mais c'est peut-être à vous de la créer.

Peut-être que vous êtes destiné à tracer une route là où il n'y a pas encore de route. Peut-être que votre mission dans la vie est de découvrir un nouveau continent sur la carte, ou de bâtir une ville dans un désert. En termes moins métaphoriques, vous devrez peut-être créer votre propre entreprise, ou une nouvelle forme d'art, ou un métier inédit.

— Vous êtes coincé, vraiment coincé, dans un métier qui ne vous convient pas ? Enlisé dans une place qui n'est pas la vôtre ?

Ne désespérez pas.

Ne vous impatientez pas.

Il y a une issue.

Commencez par être le meilleur que vous pouvez être là où vous êtes, à faire ce que vous faites. C'est en faisant contre mauvaise fortune bon cœur, en remplissant « votre » place au mieux de vos capacités que vous parviendrez à la quitter. Ne rechignez pas, ne récriminez pas : faites tout ce qui est en votre pouvoir pour remplir au mieux la fonction qui vous est dévolue actuellement.

— Elle ne vous correspond en aucune façon ? Raison de plus pour la remplir du mieux possible.

C'est l'excellent conseil que donne Wallace D. Wattles, l'auteur de *La science de la richesse* :

> « Si vous faites un travail ct quc vous avez l'impression qu'il ne vous convient pas, n'attendez pas de trouver le travail de vos rêves pour commencer à agir. Ne vous découragez pas, et ne vous lamentez pas parce que vous n'êtes pas à votre place. Vous ne pouvez avancer qu'en étant plus grand que votre emploi actuel, ce qui implique que vous remplissiez toutes les fonctions qui vous sont dévolues dans cet emploi, là où vous êtes. »

C'est en suivant ce conseil que j'ai réussi à enfin quitter l'enseignement. Tant que j'ai été prof à reculons, je le suis restée ; le jour où j'ai accepté ce rôle et tout fait pour le remplir au mieux de mes capacités, j'ai enfin pu cesser l'être. En agissant ainsi, en endossant jusqu'au bout la fonction qui vous déplaît, vous ne renoncez pas à vos rêves. Vous faites, tout au contraire, un pas décisif vers leur réalisation.

Gardez toujours à l'esprit que votre vraie place existe et qu'elle vous attend.

Cette place sera peut-être très différente de ce que vous imaginez actuellement, mais elle vous correspondra exactement et vous comblera. Pour vous préparer à elle, faites ici et maintenant le travail dont vous avez la responsabilité du mieux possible, même si ce travail ne ressemble pas du tout à ce que vous rêvez de faire.

Et il n'y a pas qu'au niveau professionnel qu'il faut trouver sa place ; au niveau familial, amical, amoureux, philosophique et géographique aussi, on peut avoir une place à trouver, et donc, d'abord, une place à chercher... Nous ne naissons pas tous dans le bon pays (celui qui nous aidera à devenir qui nous voulons devenir), ni dans la bonne famille (celle qui nous servira de modèle pour fonder une famille heureuse), ni avec la bonne philosophie (celle qui donnera à notre existence un sens satisfaisant).

Vous ne vous sentez à votre place *à aucun niveau* ?

C'est pénible, en effet, mais gardez à l'esprit que votre vraie place existe. Vous n'êtes pas une pièce de puzzle isolée ; à part les extra-terrestres, personne n'est un extra-terrestre. En d'autres termes il y a quelque part dans le monde, et peut-être plus près que vous ne l'imaginez, un endroit où vous vous sentirez *chez vous*.

Notre terre bleue est suffisamment vaste pour receler tout ce qu'on y cherche, tout ce qu'on n'y cherche pas, et bien d'autres choses encore.

À retenir

● On ne peut montrer tout ce dont on est capable que lorsqu'on est à sa place : pour avancer à très grande vitesse, un T.G.V. a besoin d'être sur ses rails.

● Toute pièce de puzzle a son puzzle. Chaque être a une place qui lui correspond exactement.

Conseils

▶ Ne vous résignez pas à végéter et souffrir dans un trou carré si vous êtes une pièce ronde... cherchez votre vraie place : c'est là que le bonheur vous attend.

▶ Si actuellement vous ne pouvez pas quitter une place inconfortable, ne pleurez pas sur votre sort : faites de votre mieux où vous êtes, même si vous aimeriez être ailleurs, et bientôt vous serez ailleurs, et vous aimerez y être.

Lecture recommandée

☐ *Vous êtes doué et vous ne le savez pas : comment trouver sa voie et s'épanouir,* par **Barbara Sher** et **Barbara Smith.** Livre qui vous aidera à découvrir votre vocation si vous ne l'avez pas encore identifiée.

Une confiance mal placée

Votre argent est bien placé.

Votre voiture est garée dans le garage.

Votre vaisselle est rangée dans le vaisselier.

Vos enfants sont là où ils doivent être : couchés dans leurs petits lits.

Si ce n'est pas le cas, pensez à des objets de votre quotidien que vous rangez machinalement à leur place : parapluie, chaussures, clefs... Toutes ces choses, vous les avez bien placées – mais avez-vous aussi bien placé *votre confiance* ?

Vous ne voyez peut-être pas le lien entre cette question et votre état émotionnel, et pourtant il y en a un direct.

À l'origine de l'origine

À l'origine du malheur comme à celle de la joie, il y a des choix et des idées ; à l'origine de ces choix et de ces idées, il y a des croyances.

Mais qu'y a-t-il à l'origine de ce que nous croyons ?

Telle est la question à laquelle nous n'avons pas encore donné de réponse. Savoir pourquoi nous croyons ce que nous croyons, c'est saisir la racine primordiale de tout ce qui s'ensuit, y compris le bonheur et son contraire.

D'où viennent nos certitudes, nos convictions ?

La réponse est que nous croyons ce que nous croyons parce que nous avons écouté et cru, et que nous continuons à croire, certaines personnes, certaines institutions, certaines figures d'autorité.

Lorsque ces personnes, ces institutions et ces figures d'autorité sont dignes de confiance, nous récoltons des convictions fondées, saines et constructives et par conséquent une vie heureuse. Quand elles ne le sont pas, la récolte est nettement moins bonne.

Émotions inconfortables et sentiments pénibles ont pour origine une confiance mal placée. Lorsqu'on se fie à qui n'en est pas digne, il y a toujours des pots cassés, des verres brisés et des ecchymoses, que ceux-ci soit réels ou métaphoriques. Impossible de faire ici le tour de toutes les instances qui ne sont pas dignes de confiance ; ce serait beaucoup trop long. Voyons-en seulement quelques-unes que les gens suivent en masse, pour leur plus grand dommage...

Les experts

Beaucoup de braves gens accordent une confiance exagérée aux experts en général, et aux professionnels de la santé en particulier. Ils les écoutent si attentivement, si religieusement, qu'ils ne s'écoutent pas ; ils les respectent tellement qu'ils ne se respectent plus. L'autorité naturelle et légitime qu'ils possèdent sur leur propre vie, ils la leur livrent.

En plaçant ainsi leur confiance, ils ne se préparent pas des lendemains qui chantent. Plutôt des lendemains qui pleurent. En effet il n'y a pas, au-dessus des grandes personnes que nous sommes, de grandes personnes au carré. Les experts sont humains et faillibles. Aucune raison de se prosterner devant eux ; aucune raison de leur soumettre sa raison.

Les médecins, les psychiatres et les psychologues ne sont pas des anges gardiens à forme humaine obsédés par notre bien-être. Ce sont seulement des gens, modèle courant : comme tout le monde, ils sont sujets à l'erreur, l'ignorance, la présomption.

« Tout le monde »

Faire aveuglément confiance à « tout le monde » est aussi une erreur. Beaucoup de personnes pourtant intelligentes tombent dans ce piège : elles s'imaginent qu'en se fiant à « tout le monde », en pensant et agissant comme lui, elles ne peuvent pas se tromper.

C'est l'inverse qui est vrai.

Pour grimper vers votre plus bel avenir, vous devez miser sur vous-même, pas sur « tout le monde ». « Tout le monde » ne vous encouragera jamais à oser quoi que ce soit, ne vous poussera jamais à vivre votre vie. Au lieu d'écouter sa voix de foule, sa voix bêlante de troupeau, écoutez votre propre voix intérieure, le murmure de vos aspirations secrètes, le frôlement de vos rêves. En les écoutant, vous entrerez en contact avec la source invisible du courage et trouverez la force de devenir et manifester qui vous êtes.

Et notez au passage que « tout le monde » n'est absolument pas tout le monde. Juste un petit groupe composé de quelques millions d'individus, grand maximum. Alors que nous sommes plus de sept milliards sur terre. Le « tout le monde » dont les gens parlent et qu'ils prennent pour guide représente tout au plus quelques millièmes du *vrai* tout le monde : il est vraiment riquiqui.

La télévision

La télévision est mauvaise conseillère, elle aussi.

Elle nous gave de promotions exceptionnelles ; elle nous enivre de musique et de sang ; elle offre à nos yeux pour prendre à nos mains – plus précisément pour prendre à nos portefeuilles. Rhétorique, elle orne son néant de paillettes sensuelles ; distrayante, elle multiplie les ris et les jeux ; allumeuse, elle offre sa chair de rêve à ne pas toucher.

Sa cornue est pleine de cristaux liquides et son alambic verse dans les yeux et les oreilles une potion magique qui change les sots, les riches, les philosophes, et en fin de compte tous les êtres humains qui s'y adonnent, en rhombites univalves ventousés à leur fauteuil-rocher.

« Si c'était vrai, on en parlerait à la télévision... » telle est l'illusion abrutissante qui condamne tant de gens à la mort cérébrale, ou à un coma qui y ressemble terriblement. Se fier à la télévision, c'est opter pour l'inertie intellectuelle autant que physique et se soumettre aveuglément à ceux qui, derrière elle, décident, planifient, et complotent, y compris contre eux ceux qui dénoncent leurs complots et qui se font traiter de « complotistes ».

Pourquoi feriez-vous confiance à cette boîte à images qui ne fait qu'irriter vos désirs, tout en vous privant du moyen de les satisfaire ?

Pourquoi feriez-vous confiance à cette croqueuse de temps qui vous vole tant d'heures, vous privant d'une précieuse partie de votre vie ?

Le hasard

Faire aveuglément confiance au hasard est aussi une erreur. Une erreur dont les conséquences n'ont rien de réjouissant. Car pour une fois le proverbe se trompe... *le hasard fait MAL les choses.*

Vous n'êtes pas convaincu ?

Très bien. Prenez plusieurs pots de peinture et jetez-en le contenu au hasard sur une toile. Le résultat est peut-être digne de figurer dans un musée d'art moderne, mais ne ressemble certainement pas la *Vénus sortant de l'onde* de Botticelli.

Tirez au hasard n'importe quelle lettre dans la boîte de Scrabble, puis n'importe quelle lettre, et encore n'importe quelle lettre. Le résultat ressemble plus à « wèazbrzfosmqeyt » qu'à « significativement » ou « harmonieusement ».

Prenez un grand seau plein de sable, et versez son contenu au hasard sur une plage estivale. Ça fera peut-être du tohu-bohu parmi les vacanciers furieux d'être dérangés dans leur bronzette, mais ça ne fera certainement pas un château de sable aux tours crénelées de style gothique.

Faites un numéro de téléphone au hasard sur votre portable, et voyez si c'est votre acteur préféré qui décroche, ou cette belle femme avec qui vous avez discuté hier, et qui est partie sans que vous ayez le temps de lui demander son numéro. Ce n'est pas lui, hein ? Ni elle. Je l'avais deviné.

Non, je ne suis pas voyante… Mais je sais que le hasard fait mal les choses. C'est une espèce de principe chez lui, et il s'y tient.

Alors ne lui faites pas confiance.

Ne le laissez pas s'occuper de vos affaires, gérer vos finances, votre vie professionnelle ou vos relations amicales et amoureuses, et ne jouez pas au loto ni au quinté plus. Misez plutôt sur votre prévoyance, votre intelligence, vos connaissances et vos efforts : misez plutôt sur vous.

La famille d'origine

Enfin, beaucoup de gens font exagérément confiance à leur

famille d'origine.

Même s'ils sont prêts à admettre théoriquement que leurs parents ne sont pas parfaits, ils continuent à croire que toutes les croyances et toutes les habitudes qui leur viennent d'eux sont bonnes, et plus que bonnes : excellentissimes.

Par esprit clanique, par loyauté mal placée, par traditionalisme, ils ne font pas le tri. Au bout de leurs cogitations ils arrivent toujours à la conclusion courue d'avance que les principes, habitudes et choix de leur famille d'origine sont les meilleurs. Il n'y a qu'une manière de bien faire la cuisine, qu'une manière correcte d'être en couple, qu'une manière juste de voir le monde, qu'une façon de gérer les conflits et l'argent : celle de leurs parents.

Et comme dans 99,999 % des cas, les principes, habitudes et choix de leur famille d'origine ne sont *pas* les meilleurs, ils se condamnent ainsi à ne pas faire mieux que leurs géniteurs bien aimés…

Si vous voulez le bonheur, ne placez qu'une confiance limitée dans les habitudes, les avis et les opinions qui émanent de votre famille d'origine. Donnez-vous plutôt pour objectif de faire, à tous points de vue et dans tous les domaines, non pas *aussi bien* mais *beaucoup mieux,* voire *mille fois mieux* que vos parents.

Durant les toutes premières années de notre vie, par la force des choses, nous prenons le microcosme qui nous entoure pour la réalité ultime, ainsi que pour la source indiscutable, car révélée, de tout ce qu'il y a à savoir. L'univers, c'est papa, maman, les frères et sœurs s'il y en a ; la vérité, c'est ce que papa ou maman a dit.

Le propre d'un enfant, c'est qu'il n'a aucun recul critique. Comment pourrait-il en avoir ? Pour prendre et jeter, trier le bon du mauvais, il faut avoir des points de repère. Un enfant n'a que ceux qu'on lui donne. Il refuse d'avaler sa purée de courgettes mais avale tout ce qu'on lui dit. Et ainsi il adhère aux valeurs, idées… qui sont celles de ses parents. À ce stade, il n'a pas le choix.

Peut-être que ces idées héritées ne lui conviennent pas du tout. Peut-être que ce sont elles, avec leurs failles, leurs contradictions, leurs faiblesses, qui vont le rendre malheureux par la suite et qui le tracassent déjà. Mais à cette étape de son développement, il n'a aucun moyen de s'en rendre compte.

Heureusement, notre marge de manœuvre s'élargit considérablement lorsque nous arrivons à l'âge adulte. Devenus grands, nous ne sommes plus obligés de marcher dans les pas de nos parents : nous sommes libres de ne pas répéter leurs vies, leurs priorités, leurs métiers.

Ne sacrifiez pas au culte des ancêtres ; ne prenez pas vos parents pour idoles. Ne faites pas aveuglément confiance aux auteurs de vos jours ; ce serait fixer une limite vraiment trop étroite au champ de vos réalisations.

On dit que l'âge adulte est celui de l'autonomie financière ; il devrait être aussi l'âge de l'autonomie *intellectuelle*. N'ayez donc pas peur de penser hors de votre zone familiale.

Les grands hommes

Contrairement aux lois de la perspective, certains grands hommes (pas tous, quand même) rapetissent à mesure qu'on s'en approche. De loin, ce sont des géants vertueux ; de près, des nains bourrés de vices. Alors ne vous fiez pas à leur réputation. Que la vénération universelle qui les entoure ne vous persuade pas de croire leurs paroles sur parole. Que le respect qui les auréole ne paralyse pas votre sens critique. Leur réputation n'est qu'une étiquette : vérifiez ce qu'il y a dans le sac. Examinez de près ce qu'ils avancent, faites le tri.

Mettre des limites

Combien de gens n'évaluent la pertinence des informations qu'ils reçoivent qu'en fonction de leur émetteur !

Si c'est le journaliste du journal télévisé qui l'a dit... alors, c'est vrai. Si c'est quelqu'un qui n'a pas de titre et qui nage à contre-courant... alors, c'est faux. (Ou l'inverse.) Ces gens ont perdu de vue le sens du mot « vérifier ». On ne peut vérifier qu'en faisant usage de son jugement ; ce n'est pas une procédure automatique. Une source fiable sur plusieurs sujets peut ne pas l'être sur tous.

La dignité de l'être humain, c'est sa capacité à faire des choix éclairés, mais quels choix sont éclairés quand on fait aveuglément confiance à certains, et qu'on éprouve une méfiance tout aussi aveugle envers d'autres ?

Confiance et méfiance ne doivent pas remplacer l'examen réfléchi des arguments et des preuves. Mettez des limites à votre méfiance comme à votre confiance : au lieu d'accepter en bloc, les yeux fermés, ou de rejeter en bloc, les yeux fermés, cherchez les pépites de vérité qui sont disséminées chez les uns comme chez les autres.

À l'intérieur

On peut mal placer sa confiance à l'extérieur, en suivant des gens malhonnêtes qui ne le méritent pas, mais on peut aussi mal placer sa confiance à l'intérieur, en se fiant exagérément à ses émotions ou, pire, en se fiant à l'ennemi.

Par définition ou presque, les émotions négatives obscurcissent la raison. L'erreur banale consiste à prendre sa colère, son angoisse, ou son découragement, pour d'authentiques prises de conscience. Une prise de conscience est un processus rationnel. En tant que telle, elle peut générer des émotions, mais des émotions ne peuvent pas la générer.

Prenez en compte vos émotions, écoutez ce qu'elles ont à vous dire, mais ne leur obéissez pas systématiquement. Elles ne sont pas fiables. Ce sont des tornades qui passent ; ce n'est pas lorsqu'on est secoué par un ouragan qu'on a la lucidité nécessaire pour prendre des décisions avisées.

Quant à l'ennemi, ne lui faites jamais confiance.

À quelle partie de vous pouvez-vous donc faire confiance ?

À votre intelligence (ou raison, jugement, discernement, logique) et à votre intuition (ou instinct), qui se soutiennent mutuellement.

À retenir
- Si vous êtes malheureux, il y a de fortes chances pour que

vous fassiez confiance à des personnes ou à des institutions qui ne le méritent pas.

Conseils

► Renoncez à l'idée que vos parents ont toujours raison.

► Ne faites pas confiance simplement parce que d'autres font confiance. Ne vous méfiez pas simplement parce que d'autres se méfient. Cherchez des raisons plus profondes d'accorder ou de refuser votre foi.

► Comparez, vérifiez, jugez, faites le tri.

► Mettez-vous à l'écoute de votre raison et de votre intuition ; les deux s'harmonisent et se complètent.

Une certaine conception de la mort

Nous en arrivons à une cause de dépression dont aucun spécialiste ne parle jamais, peut-être parce qu'elle les concerne autant que leurs patients.

Le point de vue matérialiste

Selon la doctrine matérialiste, la mort est un terminus. Un point résolument final. Nous naissons par hasard et nous mourons parce que c'est comme ça : il n'y a pas d'explication ni au début, ni à la fin – et du coup, pas de sens à ce qu'il y a au milieu. Les sadiques et leurs victimes, les Zorros et les zéros, les méchants et les gentils : tout le monde serait voué à la même fin, tout le monde finirait par retourner au néant et à la poussière. Sortis du rien sans raison valable ni explication satisfaisante, nous y retournerions définitivement à la fin d'une existence incompréhensible.

Les matérialistes hédonistes

Certaines personnes vivent très bien avec cette conception des choses, qui ne les empêche pas de dormir sur les deux oreilles, ni de profiter de l'existence.

Au contraire : elles se dépêchent d'en jouir en se répétant « Cueillons dès aujourd'hui les roses de la vie... » Cette vie leur semble d'autant plus précieuse qu'elle est éphémère. Leur conception de la mort stimule leur épicurisme ; elle le pimente. Ainsi les Romains décadents invitaient un squelette à leur banquet pour mieux cueillir le jour : *carpe diem*.

Les matérialistes angoissés

Mais d'autres individus, qui ont la même conception de la mort, ne l'encaissent pas aussi bien.

Leur propre matérialisme leur reste en travers de la gorge comme une arête imprévue dans un carré de poisson pané : dans un produit qui a subi tant de formatages, on ne s'attend pas à trouver un si cruel souvenir de l'être originel.

Ces personnes-là sont tracassées à l'idée que leurs choix n'ont pas vraiment d'importance, puisque la fin est la même pour tous et que cette fin annule ce qui l'a précédée. Elles sont angoissées à l'idée qu'elles perdront un jour sans retour les personnes qu'elles aiment. Une séparation aussi absolue leur paraît trop atroce pour être vraie. Et pourtant, vraie, elle l'est... elles en sont convaincues. L'idée que leur Moi va disparaître à tout jamais les angoisse aussi.

Ce destin tragique, elles le trouvent désespérant et contradictoire, inimaginable et inacceptable. Avec l'artiste Mano Solo, elles clameraient volontiers :

« Mon existence ne tient pas qu'à ma graisse/Je suis un esprit avant d'être un corps/Je suis mort mais rien n'est fini... »

Mais à quoi bon ? Elles croient savoir que c'est le contraire qui est vrai : leur existence ne tient qu'à leur graisse ; elles sont un corps avant d'être un esprit ; quand elles seront mortes tout sera fini.

Ce point de vue sur la mort est pour ces personnes une authentique cause de dépression.

En effet, même si elles parviennent à oublier l'échéance inéluctable qu'est la mort, le sentiment d'absurdité induit par leur matérialisme les poursuit partout. Il les hante dans toutes leurs activités. Il sape leurs élans d'enthousiasme, mine sourdement leur envie de s'investir dans la vie.

Elles ne parviennent pas à oublier que tout ce remue-ménage, tout ce bruit et toute cette fureur se perdront en fin de compte dans les sables du temps, comme ces cités que des catastrophes inattendues ont effacées des cartes, gommées des mémoires. « Dans cent ans de là, quelle différence ? » se disent-elles en secret, tandis que la vie les emporte dans le tourbillon enivrant de ses joies et de ses peine.... Mais justement, elles ne se laissent pas enivrer. Même quand on leur explique avec patience et pédagogie qu'elles doivent arrêter de se plaindre et « donner un sens à leur vie » (leur spleen trop évident commençant à agacer sérieusement leurs proches), elles restent insatisfaites et dubitatives.

Ce que ces gens voudraient, ce n'est pas plaquer un sens sur leur existence, mais que l'existence ait un sens indépendant de leur petite personne, un sens qui n'ait rien de contingent ni de changeant, et que ce sens, ils le découvrent. Bref, ils voudraient trouver le vrai sens de la vie plutôt que lui en donner un plus ou moins artificiel.

Mais comme ils croient savoir qu'un sens, la vie n'en a pas... ils restent démunies face à leur mal-être.

Solution ?

La solution à cette cause de dépression est théoriquement simple, mais concrètement compliquée.

Théoriquement, il suffirait :

1/ D'avaler un grand verre de vin pour faire passer l'arête et ainsi, de se convertir à l'hédonisme des matérialistes insouciants : « La vie est courte, profitons-en un maximum tant qu'elle dure !... »

2/ Ou inversement de renoncer au point de vue matérialiste pour en adopter un autre. Un point de vue où la mort n'est plus un anéantissement, mais un passage, une métamorphose, un très grand changement : l'âme survit au corps et... ce n'est pas ici le lieu de développer toutes les possibilités. (D'ailleurs je les ai déjà évoquée.)

Mais concrètement, ce n'est pas aussi simple.

En effet, on ne change pas de croyance comme on change de pantoufles ou de chaussettes. Il ne suffit pas de constater qu'une croyance est inconfortable, ou même trouée et nauséabonde, pour être prêt à s'en défaire.

« J'y crois parce que ça m'arrange » n'est pas un argument digne d'un cerveau en état de marche. Il faut avoir du fromage blanc à la place de la matière grise pour renoncer à une croyance simplement parce qu'elle ne nous convient pas ! Adopter un credo sous prétexte qu'on le trouve utile ou opportun, agréable ou réconfortant, c'est renoncer à la logique qui nous élève au-dessus des poissons rouges et des opossums.

La seule bonne raison de changer d'opinion sur quoi que ce soit, c'est le fait d'avoir pris conscience que notre première opinion était erronée. Au marché des croyances, le seul troc intelligent est celui qui nous fait échanger le faux contre le vrai : on cède une illusion, on gagne une vérité.

Truman

Dans *The Truman Show* (1998), Jim Carrey sortit du registre purement comique qui lui était habituel jusque-là pour camper un personnage profondément humain et touchant.

Truman est prisonnier d'un univers artificiel depuis sa naissance. Il participe sans le savoir à un feuilleton-fleuve dont il est le héros. Tout est faux dans son monde : non seulement ses parents, sa femme, son meilleur ami... sont des acteurs récitant leurs rôles, mais même le sable, la mer qui entoure l'île où il habite... sont factices.

Après qu'une succession de petits faits troublants ait semé le doute dans son esprit, Truman tente de quitter son île, autrement dit de s'évader de l'immense studio où il est enfermé depuis sa naissance. Mais il n'y a pas d'avion au décollage, le bus est en panne, et le trafic routier paralysé.

La direction du feuilleton ne veut pas perdre son héros.

Finalement, surmontant sa peur de l'eau, Truman part, seul, sur un petit bateau, en quête de la vérité, celle qui l'attend au-delà des limites de son univers. Après un orage et une tempête qui manquent de le noyer (orage et tempête déclenchés pour le dissuader d'aller plus loin), Truman touche enfin le ciel, sans métaphore : cet immense espace bleu où flottent quelques nuages est une surface solide sous sa main, un mur. Ce qu'il prenait pour la voûte céleste n'était qu'un trompe-l'œil, la limite du décor où il évolue depuis qu'il est né.

Le moment où sa main se pose sur la surface peinte, le moment où il touche enfin ce qu'on pourrait appeler *la vérité du mensonge*, est extrêmement émouvant. Émotion fragile et poignante comme un rire qui se brise, et en même temps large, profonde et épique comme une lame de fond. Cette émotion à la fois cristalline et océanique, c'est celle qui accompagne une véritable prise de conscience.

En cet instant précis – ce moment où il touche enfin la limite, où il pose sa main sur le ciel – Truman fait le deuil soudain et irréversible de ses illusions. Maintenant, il ne pourra plus être leurré, ni se leurrer lui-même. Maintenant, il sait de science certaine que l'univers qu'il a toujours connu, et qu'il confondait avec l'univers, est faux.

C'est l'anéantissement de tout ce qu'il croyait jusque-là... La destruction instantanée de toute son existence passée.

Mais ce que Truman ressent aussi, et ce que nous, spectateurs, ressentons avec lui, c'est l'ouverture des possibles : car si son monde est faux, c'est que derrière ce mur peint en trompe-l'œil qu'il a pris si longtemps pour l'infini, le vrai monde l'attend... un monde où chaque geste a des conséquences et un enjeu, un monde où tout ce qui était impossible devient possible.

Y compris la liberté.

Y compris l'amour.

La confuse intuition qu'il y a quelque chose cloche, cette sensation d'insatisfaction qui le taraudait jusque-là comme un lancinant et indéchiffrable rappel, trouve enfin une confirmation, une explication spectaculaire : oui, il y a bien un problème – un problème si énorme, si général qu'il en est invisible. Oui, il y a bien quelque chose qui manque – quelque chose de si fondamental, qu'en son absence, rien n'est valable.

Ce problème, c'est le mirage qu'il prenait pour la réalité, et ce quelque chose qui manque, c'est la vérité et l'amour qui sont au-delà... et qu'il aura le courage d'aller chercher, s'arrachant par l'effort d'une naissance volontaire aux paramètres trompeurs de son monde familier.

On a conditionné Truman pour qu'il n'ose pas, pour qu'il ait peur de l'eau, pour qu'il reste à quai. La plage magnifique où il errait le soir, en proie à un mal-être incompréhensible, était la limite de son univers. Mais ce quelque chose de vivant et de fort qui anime son âme le démange irrésistiblement. Il a besoin de chercher plus loin, d'explorer au-delà des limites de son « paradis » – car c'est ainsi qu'on lui en parle pour qu'il en reste le prisonnier volontaire...

Si, en fin de compte, Truman pousse la porte qui mène hors du studio, c'est parce que le mensonge le plus séduisant, le plus coûteux, le plus sophistiqué ne peut le satisfaire : c'est la vérité qu'il cherche.

Rapport ?

Vous ne voyez pas le rapport entre la définition matérialiste de la mort et l'histoire de Truman ?

En fin de compte, la réponse à la question suivante n'engagera que vous : est-ce que le destin de l'humanité est d'accomplir un petit voyage touristique de quelques dizaines d'années à travers l'existence, de visiter les joies et les peines d'une vie chatoyante mais dépourvue de sens avant de réintégrer le néant, comme Guignol réintègre sa boîte après le spectacle de marionnettes, ou est-ce que la conception matérialiste de la mort n'est qu'un vaste trompe-l'œil – dans un monde plein de leurres, encore un leurre, peut-être le plus trompeur de tous ?

Ne vous pressez pas de répondre.

À retenir

● Nos convictions sur l'après-mort influencent toute notre vie.

● La définition matérialiste de la mort comme point final est, pour certains matérialistes, une cause de découragement et d'angoisse.

● La seule raison valable de changer de croyance, c'est de s'apercevoir qu'elle était fausse.

Conseils

▶ Comme Truman, aimez la vérité et cherchez-la. Comme lui, vous découvrirez peut-être qu'elle n'est pas là où vous êtes né.

▶ Renseignez-vous sur le matérialisme et l'athéisme et ses contraires : spiritualité, religions.

Un aveu à vous faire...

J'ai un aveu à vous faire.

Ce livre que vous venez de lire ne mérite pas à 100% son titre de "livre" car il s'intègre harmonieusement en tant que partie à un livre beaucoup plus gros, vraiment beaucoup, beaucoup plus gros, MENTALPAX.

MENTALPAX est un puissant antidépresseur naturel, un antidépresseur efficace contre le suicide, la dépression, l'anxiété, la tristesse, et les diverses "maladies mentales" inventées par la psychiatrie.

Si vous avez été interessé ce livre-ci, vous le serez bien plus encore par MENTALPAX, que vous trouverez sous forme de livre broché sur amazon, et sous forme de ebook un peu partout : amazon, kobo, googleplay...

J'espère que vous lirez MENTALPAX, et aussi que vous mettrez un commentaire, sur amazon ou ailleurs, à ce livre-ci, *Les vraies causes de la dépression*. Les avis (positifs) que les lecteurs écrivent publiquement sur les sites sont très importants pour l'auteur comme pour l'éditeur.

Votre amie,

Lucia Canovi

Catalogue
des éditions lucia-canovi.com
Liberté • Vérité • Clarté

Des mots qui aident, guident, réconfortent, encouragent, éclairent, élèvent ou libèrent

**Nos livres sont disponibles aux formats pdf, .mobi et epub.
et nos programmes audios, au format mp3
Si vous voulez un de nos livres sous forme brochée (en vrai livre papier),
vous pouvez passer commande en nous écrivant à *contact@lucia-canovi.com***

Programmes audios à base d'offirmations – ce n'est PAS une faute d'orthographe !

Les offirmations sont des questions en « pourquoi » et en « nous » inspirées d'Émile Coué et de Noah Saint-John, questions qui permettent, quand on les écoute régulièrement, de programmer son cerveau pour atteindre n'importe quel objectif et réaliser ses rêves.

http://programmezvotresubconscient.fr/100-confiance-en-soi

Écoutez tous les jours *100 % confiance en soi,* et au bout de 30 jours, vous aurez une inébranlable confiance en vous-même.

http://programmezvotresubconscient.fr/enfin-calme

Écoutez tous les jours *Enfin Calme* pour garder votre calme en toutes circonstances.

http://programmezvotresubconscient.fr/enfin-heureux

Écoutez tous les jours *Enfin Heureux* pour être heureux quoi qu'il arrive.

http://enfin-bilingue.fr/

Écoutez tous les jours *Enfin Bilingue* pour apprendre l'anglais avec rapidité, facilité et plaisir.

http://enfin-bilingue.fr/arabe

Écoutez tous les jours *Enfin Bilingue en arabe* pour apprendre l'arabe avec rapidité, facilité et plaisir.

Parentalité
Parents heureux, enfants joyeux ! Proverbes et citations

motivantes pour familles aimantes, de Anna Fonseca

Histoire
La révolution française : une conspiration ?, d'Augustin Barruel

Études/Art d'écrire
7 secrets pour réussir brillamment ses études sans le moindre stress !, de Lucia Canovi.
Écrire une scène d'action en s'inspirant d'un grand romancier, de Lucia Canovi

Psychanalyse
Freud tueur en série : vrais meurtres et théorie erronée, d'Eric Miller
Secrets et dangers de la psychanalyse : Freud n'est pas votre ami, de Lucia Canovi

Science
La terre ne bouge pas, de Gustave Plaisant
La terre est immobile : preuve que la terre ne tourne ni autour de son axe, ni autour du soleil, Carl Schoepffer

Féminisme et sexisme
Sept mensonges du féminisme, de Lucia Canovi
Sept mensonges du sexisme, de Lucia Canovi

Religion/spiritualité
*Eckhart Tolle et l'idiocratie : découvrez la doctrine et les effets d'un grand maître spirituel,"*de Lucia Canovi
L'Islam au-delà des apparences, de Lucia Canovi
Pourquoi j'ai embrassé l'Islam, d'Anselme Turmeda

Essais/Actualité
Réfléchissez ! Racisme, antisémitisme, quenelle et autres sujets sensibles, de Lucia Canovi
Conversations avec l'ennemi de Dieu : le mal au XXIe siècle, de Lucia Canovi

Le Lait du Mensonge : Fragments d'une parole sincère, de Lucia Canovi

Êtes-vous Charlie ?, de Lucia Canovi

Le piroptimisme : faut-il soigner le mal par le mal ?, de Lucia Canovi

Roman

Un baron en caravane, de Elisabeth Von Arnim

Amour et mensonges sous le ciel d'Italie, de Jean Webster

Horace, de George Sand

Les dames vertes, de George Sand

Nanon, de George Sand

Cecilia, de Fanny Burney (12 volumes)

Développement personnel/Psychologie

Marre de la vie ? Tuez la dépression avant qu'elle ne vous tue !, de Lucia Canovi

Le trésor : découvrez la méthode la plus simple de vous faire des alliés et de réaliser vos rêves, de Lucia Canovi

La clé du bonheur : 365 offirmations* pour surmonter dépression, découragement, déprime et être heureux en toutes circonstances [Ce n'est PAS une faute d'orthographe], de Lucia Canovi

La Clé du Calme : 365 offirmations* pour triompher de l'anxiété, du stress, de la colère et trouver la sérénité [Ce n'est PAS une faute d'orthographe], de Lucia Canovi

La Clé de la Richesse : 365 offirmations* à se poser pour s'enrichir malgré la crise [Ce n'est PAS une faute d'orthographe], de Lucia Canovi

Le petit livre de la paix intérieure : Proverbes anti-stress et citations calmantes, de Lucia Canovi

Le petit livre qui fortifie : Proverbes réconfortants et citations motivantes, de Lucia Canovi

Aller mal quand tout va bien : La dépression dédramatisée, de Lucia Canovi

La dépression est-elle une vraie maladie ? 9 idées fausses sur la tristesse et le mal-être, de Lucia Canovi

Et si la dépression avait un sens ?, de Lucia Canovi

Les vraies causes de la dépression, de Lucia Canovi

Libérez-vous de l'alcool et de la cigarette : Comprendre le joug pour le briser, de Lucia Canovi

Vivez jusqu'au bout ! Suicide, mode de non-emploi, de Lucia Canovi

Vous n'êtes pas fou ! Les maladies mentales démystifiées, de Lucia Canovi

Antidépresseurs, mensonges et conséquences, de Lucia Canovi

Torture ou thérapie ? La vérité sur les électrochocs, de Lucia Canovi

Enfin heureux ! Cinq thérapies gratuites et efficaces pour retrouver le sourire, de Lucia Canovi

La dépression sans nom, de Lucia Canovi

OrdiZen : La méthode de rangement qui permet de savoir exactement où est quoi dans son ordinateur... et de le retrouver rapidement !, de Lucia Canovi

Quittez les chemins battus !

Vous voulez quitter l'autoroute où tout le monde s'entasse pour trouver le (vrai) bonheur ?

Inscrivez-vous gratuitement à la lettre bleue. La lettre bleue, c'est une goutte de sagesse, de courage et d'anticonformisme tous les matins, sous la forme d'une citation commentée. Inscrivez-vous maintenant, et récupérez du même coup les 20 premières pages du *Trésor*.

C'est ici : http://lucia-canovi.com

À propos de Lucia Canovi

Lucia Canovi est auteur, éditeur et iconoclaste. Sa vie comporte trois actes très différents.

Premier Acte : Adeline Aragon gagne six prix littéraires, réussit ses études de lettres modernes et obtient du premier coup l'agrégation, concours réputé pour sa difficulté. Après ces brillantes études, désorientée, elle se tourne vers l'enseignement moins par choix que par impossibilité de changer en gagne-pain l'écriture, sa vocation de toujours. Pendant ce premier acte, elle est athée, cartésienne et militante féministe (Voir son livre *Sept mensonges du féminisme*).

Deuxième Acte : profondément insatisfaite de sa vie même si elle a « tout », à 27 ans elle se lance dans l'astrologie, le tarot et le russe, se teint les cheveux en rouge vif, quitte sa Toulouse natale pour Paris, et troque son rationalisme contre un mysticisme échevelé qui la mène à l'hôpital psychiatrique pour deux semaines. Loin de lui apporter le bonheur, cette route tortueuse se révèle de moins en moins carrossable. Pendant ce second acte, elle fume, boit, construit des châteaux en Espagne (voir son livre *Libérez-vous de l'alcool et de la cigarette : comprendre le joug pour le briser*), continue à écrire sans convaincre aucun éditeur de son génie, et adopte toutes les croyances du Nouvel Âge, dont la réincarnation. Elle est alors une disciple enthousiaste d'Eckhart Tolle (Voir son livre *Eckhart Tolle et l'idiocratie : doctrine et effets d'un « grand maître spirituel »*).

Troisième Acte : arrivée au bout de ses ressources financières, sans ami et sans amour, pour la première fois de sa vie elle se tourne vers Dieu pour Lui demander Son aide. Une semaine après, elle rencontre l'homme de sa vie qui lui propose immédiatement le mariage et l'Islam. Le coup de foudre étant réciproque, elle accepte le mariage. Quelques mois et d'innombrables lectures plus tard, dont *Le Mensonge de l'évolution* d'Harun Yayha, pour son plus grand bonheur elle se convertit à l'Islam.

Encouragée par son mari, elle se remet à l'écriture sous le nom de plume de Lucia Canovi avec un enthousiasme renouvelé et un but bien précis : aider les personnes qui souffrent comme elle a souffert. Son grand livre *Mentalpax : antidépresseur naturel sous forme de livre préconisé dans le traitement de l'anxiété, des idées noires, de la dépression et des autres diagnostics (*publié dans une première version sous le titre *Marre de la vie ?)* est le fruit de huit années de recherches ; les lecteurs l'adorent.

Par la suite, elle écrit sur toutes sortes de sujets, avec un intérêt particulier pour la logique, le développement personnel (voir en particulier son livre *Le trésor : découvrez la méthode la plus simple de vous faire des alliés et de réaliser vos rêves*), la religion (voir son livre *L'Islam au-delà des apparences*) et le mal sous toutes ses formes (voir son livre *Conversations avec l'ennemi de Dieu : le mal au XXIe siècle*).

En 2015, prenant conscience qu'il ne sert à rien d'attendre l'éditeur charmant, Lucia Canovi se décide à créer sa propre maison d'édition par internet, **lucia-canovi.com,** ce qui lui donne l'opportunité de publier *Freud tueur en série : vrais meurtres et théorie erronée*, chef-d'oeuvre d'investigation où Eric Miller prouve par A+B que Freud a sauvagement assassiné son neveu John, ainsi que quelques uns de ses amis et quelques unes de ses patientes.

Iconoclaste, Lucia Canovi prend un plaisir subversif à mettre en pièces les mensonges les mieux établis, démolissant en priorité les impostures qui, en raison de leur ancienneté ou de leur succès quasi universel, semblent infiniment plus vénérables que les vérités ridiculisées qu'elles prétendent remplacer.

Aujourd'hui, Lucia Canovi vit tranquillement en Algérie avec son mari et ses deux enfants, et s'emploie à offrir le meilleur à ses lecteurs de plus en plus nombreux. Ses livres sont traduits en anglais, espagnol, allemand, italien, portugais, japonais, russe et néerlandais. Vous pouvez lui écrire à lucia@lucia-canovi.com.

Table des matières